保健体育

監修 石塚 謙二　太田 正己

東洋館出版社

序章　体とくらし

1　運動することとは　……………………………………………… 6
　　（1）私たちの生活環境 ❋ 6
　　（2）今と昔の子どもの体力 ❋ 6
　　（3）体力低下の原因 ❋ 7
　　（4）運動することの大切さ ❋ 7

2　くらしのなかの健康と安全　………………………………… 8
　　（1）心と体の発達 ❋ 8
　　（2）生活習慣と健康を支える3つの基本 ❋ 8
　　（3）健康の考え方 ❋ 9
　　（4）安全な社会生活 ❋ 9

3　明るく豊かなくらしの営み　………………………………… 10
　　（1）余暇とスポーツ ❋ 10
　　（2）スポーツのとらえ方 ❋ 10
　　（3）スポーツの種類と特性 ❋ 11
　　（4）スポーツへのかかわり方 ❋ 11
　　（5）スポーツ参加と明るく豊かな生活 ❋ 11

第1章　いろいろな運動

1　体つくり運動　…………………………………………………… 14
　　くらしと体つくり運動 ❋ 14
　　（1）体ほぐしの運動 ❋ 15
　　（2）体力を高める運動 ❋ 19

2　器械運動　………………………………………………………… 27
　　くらしと器械運動 ❋ 27
　　（1）鉄棒 ❋ 28
　　（2）跳び箱 ❋ 29
　　（3）平均台 ❋ 30
　　（4）マット運動 ❋ 31

3　陸上運動　………………………………………………………… 33
　　くらしと陸上運動 ❋ 33
　　（1）短距離走 ❋ 34
　　（2）持久走 ❋ 35
　　（3）リレー ❋ 36
　　（4）跳躍 ❋ 37
　　（5）障害走 ❋ 38

4　水泳　……………………………………………………………… 39
　　くらしと水泳 ❋ 39
　　（1）水中での呼吸の仕方 ❋ 40
　　（2）バタ足で泳ぐ ❋ 41
　　（3）クロール ❋ 42

（4）背泳ぎ　43
　　　（5）平泳ぎ　44
　　　（6）横泳ぎ　45
　　　（7）長い距離を泳ぐ　45
　　　（8）海や川で気をつけること　46

5　球技 ……………………………………………………………… 47
　　くらしと球技　47
　　　（1）フットベースボール　48
　　　（2）ソフトボール　49
　　　（3）サッカー　50
　　　（4）バスケットボール　51
　　　（5）バレーボール　52
　　　（6）ユニバーサルホッケー　53
　　　（7）卓球　54
　　　（8）バドミントン　55

6　武道 ……………………………………………………………… 57
　　くらしと武道　57
　　　（1）柔道　57
　　　（2）相撲　59
　　　（3）剣道　60

7　ダンス …………………………………………………………… 62
　　くらしとダンス　62
　　　（1）創作ダンス　63
　　　（2）フォークダンス　64

8　ウインタースポーツ，アウトドア，アダプテッド・スポーツ …… 66
　　くらしとさまざまなスポーツ　66
　　　（1）ウインタースポーツ　66
　　　（2）アウトドア（野外活動）　69
　　　（3）アダプテッド・スポーツ　70

第2章　保健

1　心と体の健康 …………………………………………………… 72
　　　（1）体の発育・発達　72
　　　（2）体の各部のはたらき　74
　　　（3）心の発達と健康　76

2　病気にならないために ………………………………………… 79
　　　（1）主な病気の種類と予防　79
　　　（2）食生活と健康　81
　　　（3）運動と健康　82
　　　（4）睡眠・休養と健康　83
　　　（5）肥満への対応　86

　　　　（6）歯の病気 ✽ 87
　　　　（7）汗のしくみと処理 ✽ 88
　　　　（8）体の調子を整える ✽ 90
　　　　（9）健康診断・予防接種 ✽ 93

3 けがをしないために ··· 95
　　　　（1）主なけがの種類と予防 ✽ 95
　　　　（2）作業前後 ✽ 97
　　　　（3）交通安全 ✽ 97
　　　　（4）自然災害（地震など） ✽ 99

4 病気になったとき・けがをしたとき ·· 101
　　　　（1）診察を受ける ✽ 101
　　　　（2）医薬品の正しいあつかい方 ✽ 103
　　　　（3）応急手当て ✽ 104
　　　　（4）心肺蘇生法 ✽ 106
　　　　（5）交通事故にあったときの対応 ✽ 107

5 大切な体 ··· 109
　　　　（1）性 ✽ 109
　　　　（2）性感染症・エイズの予防 ✽ 115
　　　　（3）喫煙の害，飲酒の害，薬物乱用 ✽ 116
　　　　（4）加齢と健康 ✽ 119

第3章 スポーツのきまり　知っておきたい知識

1 スポーツをするときのルールときまり ····································· 122

2 運動するときの環境整備 ·· 123
　　　　（1）器械や器具のあつかい方 ✽ 123
　　　　（2）施設の利用の仕方―ボウリング・プール― ✽ 124
　　　　（3）準備・片づけ ✽ 125

3 チームゲームでの役割と作戦 ·· 126
　　　　（1）ルールを知る ✽ 126
　　　　（2）役割を決める ✽ 127
　　　　（3）作戦を立てる ✽ 127

4 知っておきたい知識①―健康にかかわる機関・制度・サービス― ············ 128
　　　　（1）保健制度と保健サービスの活用 ✽ 128
　　　　（2）医療制度と医療費 ✽ 129
　　　　（3）医療機関と医療サービスの活用 ✽ 129
　　　　（4）労働と健康 ✽ 131

5 知っておきたい知識②―スポーツへの参加― ································ 132
　　　　（1）自分がやってみたいスポーツ ✽ 132
　　　　（2）スポーツ施設やプログラムの見つけ方 ✽ 133
　　　　（3）スポーツ大会に参加しよう ✽ 134

序章

体とくらし

1. 運動することとは
2. くらしのなかの健康と安全
3. 明るく豊かなくらしの営み

　「生涯を通して心も体も健康で豊かな生活を送りたい」そう願わない人はおそらくいないでしょう。では、そうした生活を送るために、私たちはくらしのなかでどんなことを心がけていけばよいでしょうか。健康に関係する言葉の1つとして体力，そして運動があります。昔と今では子どもの体力に変化がみられるようです。そのため，くらしのなかに運動を取り入れていくことはとても大切だといわれています。そのほか，健康で安全に生活していくためには知っておきたいことがたくさんあります。この章ではこれらの内容について，それぞれが意見を出し合いながら考えていきましょう。

1 運動することとは

（1）私たちの生活環境

　私たちの生活環境には、昔と比べるといろいろな変化がみられます。例えば、交通手段が発達し、徒歩よりも電車や自動車での移動が増えました。パソコンやゲームなどが普及し、屋外よりも室内で過ごす時間も増えました。食生活が豊かになり、栄養がある物をいつでも手軽に食べられるようになりました。このように、生活は便利で豊かになりましたが、そのことが私たちの心や体にさまざまな影響をおよぼしています。

（2）今と昔の子どもの体力

　生活環境の変化がもたらす影響として、子どもたちの体力の低下があります。体力は私たちの活動を支える源であり、物事に取り組もうとする気持ちや意欲を支えるものでもあります。私たちが生活したり成長したりしていくために、体力はなくてはならないものです。体力はテストではかることができます。今の子どもたちの体力テストの結果と、その親の世代である30年前の体力テストの結果を比べてみました。今の子どもたちは30年前と比べて、「走る」「投げる」「跳ぶ」などのほとんどの項目で体力が劣っていました。子どもたちの体力は年々低下しているといえます。

…… 今の子どもたちと親の世代の 50m 走の記録 ……

親の世代（9.0秒）　　今の子どもたち（9.2秒）
（昭和55年の11歳）　（平成22年の11歳）

【出典】文部科学省「体力・運動能力調査」より

（3）体力低下の原因

どうして子どもたちの体力は低下しているのでしょうか。交通手段の発達も原因とされています。それ以外にも次のことが考えられます。

① 塾や習い事の時間が増えたこと
② 空き地などの遊び場が減ったこと
③ 子どもが少なくなり，一緒に遊ぶ仲間が減ったこと

······ 子どもたちの遊びの変化 ······

昔の子ども

今の子ども

今の子どもたちは，こうした理由で体を動かして遊ぶ機会を失って，運動不足となり，体力低下をまねいているのです。

（4）運動することの大切さ

体力は生まれてから20年間で発達し，20歳から40歳の20年間で緩やかに低下します。そして40歳からは低下がさらに進みます。体力が低下するとつかれやすくなったり，病気にかかりやすくなったりします。また，いろいろなことに挑戦しようとする気持ちが起こらなかったり，集中力が欠けたりもします。日ごろから体を動かして運動することで，体力の低下を防ぎ，体力を高めることができます。生涯を通じて明るく健康に過ごすために，毎日の生活に運動を取り入れていくことがとても大切です。

······ 運動の効果 ······

体力がつく

食事がおいしく食べられる

友達ができる

気分がすっきりする

2 くらしのなかの健康と安全

(1) 心と体の発達

　私たちの体は、くらしのなかでいろいろな経験や学習を積み重ねながら、年齢とともに発育・発達していきます。とくに中学生や高校生の年代は、身長や体重が急に増える時期です。また、体が発達するのと同じように、心も大きく発達していきます。私たちはだれでもやりたいこと（欲求）をもっていますが、成長とともに欲求も強くなります。私たちは欲求をかなえようとしてさまざまな行動をします。欲求が満たされると幸せな気持ちになりますが、満たされないとイライラしたり、不安になったりします。こうした体や心の発達のしくみを知り、健康な生活を送るための正しい知識と行動について学んでいきましょう。

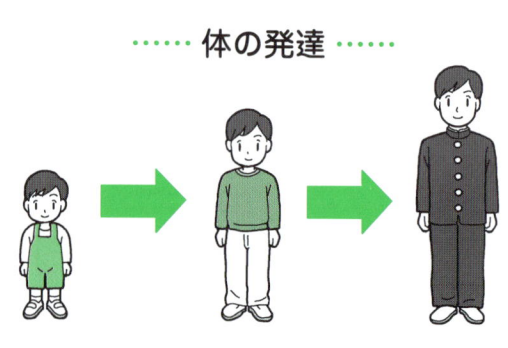

…… 体の発達 ……

(2) 生活習慣と健康を支える3つの基本

　くらしのなかで繰り返して行われることを生活習慣といいます。病気

…… 健康を支える3つの基本 ……

栄養（食事）　　　運動　　　休養

をせず健康な毎日を送るためには，生活習慣のなかにバランスのよい栄養（食事），ちょうどよい運動，十分な休養を取り入れていくことが大切です。「保健体育」ではこれらの3つについて詳しく学びます。そして，自分たちの今の生活や将来の生活に生かしていくことを目標にしています。

（3）健康の考え方

　病気や障害がある人は健康とはいえないのでしょうか。それは間違いです。病気があっても生き生きと楽しく生活している人はたくさんいます。障害があっても自分の目標に向かって一生懸命努力している人もたくさんいます。こうした人たちは健康といえます。健康は，自分自身が生活に生きがいや幸せを感じていることと大きく関係しています。

　心も体も健康で豊かな人生を送るためには，本人の意志や行動が大切です。しかし，健康になるための行動を起こすためには，その知識や技術を学ぶ機会が必要です。また，病気や障害がある人にとって保健・医療サービスの充実はなくてはならないものです。このように健康には個人の努力だけではなく，健康を支える環境を整えることが重要となります。

（4）安全な社会生活

　社会人になると，行動する範囲が今よりもずっと広くなります。そこには思わぬ危険がかくれていることを知っておく必要があります。1人ひとりが社会のルールを守っていくことで，けがや事故を防ぐことができます。また，注意していても病気やけがをしてしまうこともあります。そのときにどのような行動をとればよいかを学ぶことは，大人になるために必要なことです。

　健康で安全な社会生活を送るために，保健・医療・福祉にかかわるさまざまな制度やサービスがあります。日本はこのような制度が整っている国だといわれています。どのようなサービスがあるのかを知り，それらを利用することができるようにしていきましょう。

3 明るく豊かなくらしの営み

（1）余暇とスポーツ

みなさんは将来仕事につき，社会人となります。仕事以外の自由な時間のことを余暇といいます。余暇を充実させることは明るく豊かなくらしを営んでいくために大切です。最近，余暇を利用して，積極的にスポーツに参加する人が増えてきました。これまではそれほど多くはなかった，高齢者，障害のある人もスポーツに親しんでいます。生涯を通してスポーツに親しむためには，中学生，高校生のときにたくさんのスポーツを体験し，スポーツの楽しさを味わう経験を積み重ね，自分に合ったスポーツを見つけていく必要があります。

（2）スポーツのとらえ方

「スポーツ」という言葉を聞くと，プロ野球やＪリーグといった競技を思い浮かべる人が多いのではないでしょうか。ところが，最近ではそうした競技性が高いスポーツだけではなく，ジョギングやダンスといった活動もふくめて，広くスポーツと呼ばれるようになっています。

スポーツに参加する理由は，健康づくり，気晴らし，仲間との交流など，その人によってそれぞれちがいがあり，それによってスポーツの種類や参加する場所，機会も変わってきます。自分は将来どのようにスポーツを楽しみたいのかについて考えてみましょう。

(3) スポーツの種類と特性

　スポーツにはいろいろな種類がありますが、種目ごとに楽しさのポイントがちがいます。器械運動は、新しい技ができるようになることに楽しさがあります。また、水泳や陸上競技は、相手と競争したり、自分や他人の記録に挑戦して達成する楽しさがあり、球技では仲間と協力して勝敗を競い合う楽しさがあります。スキーは自然を相手にしながら、でこぼこの斜面や急な斜面に挑戦し克服していくことを楽しむスポーツです。スポーツの種類に応じて、楽しさのポイントを押さえながら取り組むことで、スポーツが何倍もおもしろくなります。

(4) スポーツへのかかわり方

　私たちのスポーツへのかかわり方には次のようなものがあります。
① スポーツを知る楽しさ
　例:「スポーツの歴史を学ぼう」「オリンピックとパラリンピックの
　　　ちがいを調べよう」
② スポーツをする楽しさ
　例:「自己新記録をめざそう」「仲間と一緒に勝利を勝ちとろう」
③ スポーツを見る楽しさ
　例:「好きなチームを応援しよう」「スタジアムに出かけよう」
④ スポーツを支える楽しさ
　例:「スポーツ大会のボランティアに参加しよう」「運営にかかわって
　　　スポーツ大会を盛り上げよう」
　みなさんは将来どのようにスポーツにかかわっていきたいですか?

(5) スポーツ参加と明るく豊かな生活

　スポーツへのかかわり方が決まったら、そのスポーツはいつ、どこで

行うことができるかなどについて調べていきます。自分が住んでいる地域にはどんなスポーツ施設があって、どんなスポーツが行われているのかを調べてみましょう。体育館やプールなどの公共スポーツ施設を利用したり、スポーツ教室やスポーツ大会に参加したりしてみましょう。身近なスポーツ環境をうまく利用することで、新しいスポーツに出会ったり、新しい目標ができたりするかもしれません。また、新しい友達に出会うかもしれません。このように、スポーツに参加することはみなさんの生活を明るく豊かにしてくれます。生涯を通してスポーツとかかわっていきましょう。

第1章

いろいろな運動

1. 体つくり運動
2. 器械運動
3. 陸上運動
4. 水泳
5. 球技
6. 武道
7. ダンス
8. ウインタースポーツ，アウトドア，アダプテッド・スポーツ

　いろいろな運動に親しんでいくために，まず自分の体を知る必要があります。自分に合った運動の内容や回数を正しく選ぶこと，安全な運動の仕方を知ることは，体力の向上にもつながります。いろいろな運動，スポーツには種目ごとにルールや参加人数，場所や道具が違います。それらを学び，仲間と一緒に体を動かすことはとても楽しいことです。さらに，ここでの学習は，体力がつくばかりではなく，社会で自立した生活を送るために必要な判断力，責任感，協調性といった力をのばしていくことにもつながります。
　できるだけ多くのスポーツに親しみ，自分が生涯を通して続けていけるものを見つけていきましょう。

1 体つくり運動

■ くらしと体つくり運動

　私たちは，学校や家庭，地域，職場などで，体を使っていろいろな活動を行っています。学校では保健体育や職業の学習など，家庭では洗たくや掃除など，地域では買い物やレクリエーションなど，そして，職場ではいろいろな仕事をしています。私たちは，毎日，いろいろな活動に取り組んで生活しています。体つくり運動は，私たちの活力ある生活や生涯を通したスポーツライフの基礎になるのです。

　体つくり運動には，「体ほぐしの運動」と「体力を高める運動」があります。体ほぐしの運動は，自分や仲間の心と体の状態に気づき，体の調子を整えたり，仲間と交流したりする運動です。体力を高める運動は，筋力や持久力，調整力，さらに，病気などから体を守る力（防衛体力）を高める運動です。体ほぐしの運動を通して，体を動かすことのよさに気づき，自分の体力や生活するときの課題を見つけ，そのことが，体力を高める運動の意欲的な取り組みにつながっていきます。

　体つくり運動は，保健体育の授業の時間だけでなく，生活のなかでできることがたくさんあります。自分たちのくらしのなかのいろいろな活動と体つくり運動の関係について確かめてみましょう。

（1）体ほぐしの運動

「体ほぐしの運動」はとても大切です。

体ほぐしの運動の代表的なものに、ストレッチングがあります。ストレッチングをすると、そのときの体のかたさや柔らかさが分かります。体のかたさや柔らかさは心とも関係していて、緊張すると体がかたくなることがあります。

1人でのストレッチング

ストレッチングで、そのときの体の状態に合わせ、力をぬいたり筋肉をのばしたりすると、体が柔らかくなります。そして、気分もほぐれてさわやかな気持ちになり、体と心の調子を整えることができます。

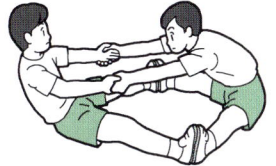

ペアでのストレッチング

体や心の状態は、1人ひとりちがっています。2人で行うペアストレッチングでは、お互いの体や心の状態に気づくことができます。協力したり助け合ったりして運動すると、お互いのよさを認め合い、心地よさが増してきます。仲間と一緒に運動することの楽しさを味わうことができます。

ペアでのストレッチング

ストレッチングのほかにも、いろいろな「体ほぐしの運動」があります。

気づき
心と体はお互いに影響し，変化することに気づく
（自分・仲間）

体ほぐしの運動

調整
自分や仲間の心や体の調子を整える

交流
仲間と交流し，仲間の心や体が自分に影響することに気づく

　「体と心の状態に気づく」「体と心の調子を整える」「仲間と交流する」ためには，いろいろな運動があります。それは，用具を使ってする運動，リズムに乗ってする運動，ペアで行うストレッチング，仲間と一緒にする運動，歩いたり走ったり跳んだりする運動などです。

　いろいろな体ほぐしの運動を「1人で簡単にできる運動」「用具を使った運動」「仲間と楽しくできる運動」の3つにまとめ，具体例を紹介します。

考えてみよう

このほかにも，どんな「体ほぐしの運動」があるでしょうか？
みんなで考えてみましょう。

1人で簡単にできる運動

▶ その場でゆっくりと

【全身をのばす】
① 椅子に座り，両手を頭の後ろでのばして組む。
② 腕で耳がふさがるようにし，呼吸をしながら，10～30秒程度，ひじと腰をのばす。
③ これを数回行う。

【肩・腰をのばす】
① 机の上に両手を開いて置く。
② 脚を少し曲げ，手を動かさないで，10～30秒程度，腰を後ろに引く。
③ これを数回行う。

【腹式呼吸】
① 鼻から2，3秒吸い，腹と胸が空気でいっぱいになったら2秒程度止める。
② 口から6秒程度かけて，ゆっくり全部吐く。自分の気持ちよいリズムで数回行う。

▶ 動きながら〜リズミカルに

【全身をゆらす】
① 足の裏を合わせ，背中をまっすぐのばす。
② 膝を左右に，ゆらゆら10回程度ゆらす（反対のお尻を浮かす）。これを数回繰り返す。

【ウォーキング】
① 肩に力を入れず，リラックスして同じペースで歩く。
② 体の横や後ろで手をたたいたり，歩幅や向きを変えたりして歩く。
③ 音楽に合わせて数分間行う。

【リズム運動】
① その場で足踏みをしながら，両手を上や横にのばす。
② リズムに合わせて，いろいろなステップを踏んだり，ジャンプしたりする。全体で数分間行う。

用具を使った運動

▶ 新聞紙を使って

【新聞紙ラン】
① 2人で手をつなぎ，広げた新聞紙を胸のあたりに置く。
② 新聞紙から手を離し，落とさないように数十m走る。

【新聞紙乗り競争】
① 各チーム（10人程度）が1枚の新聞紙を広げ，床に置く。
② 10秒間にできるだけ多くの人が新聞紙に乗る。一番多くの人が乗っていたチームを勝ちとする。

▶ 風船を使って

【風船パス】
① 4人で手をつないで円の隊形になる。
② 渡したい人の名前を呼び，その人に向けて風船を蹴る。

▶ボールを使って

【ボール送りリレー】
① 10人が縦一列に並び,前の人は両手でボールを持ち,頭の上から後ろの人にボールを渡す。
② 最後の人はボールを持って先頭に行き,後ろの人にボールを渡す。
③ 最初に先頭にいた人が一番最後になったところで終了。

▶リズミカルな動きで

【リボン体操】
① 3人1組となり,1.5m程度のリボンがついた棒を持つ。
② リーダーがいろいろな姿勢で,大きく動かしたり,こきざみに回したりするのを,ほかの人がまねて行う。

【たすき体操】
① 輪にしたたすきを両手で広げ,曲に合わせて,回旋したり回転したりする。
② 自分の輪をくぐったり,足にかけてストレッチングしたりする。

仲間と楽しくできる運動

【ペアでのリラクゼーション】
① 2人組になり,1人が,脚(肩,腕など)に力を入れ,次に力をぬく。
② もう1人が,脚(肩,腕など)を持ってゆすり,力がぬけているのを確かめる。

【足相撲】
① 2人が向かい合って座る。
② 片足の膝の後ろに両手を回し,2人の足の裏を合わせる。
③ 足の裏で押し合い,倒れた人が負けとなる。

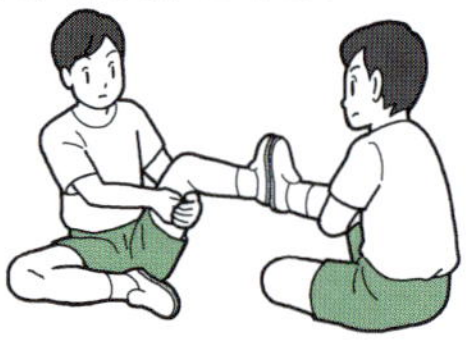

【しっぽとり】
① 6人程度が1組となり,1人が鬼で,ほかの人は,前の人の肩に手を置いて一列になる。
② 約20秒の間に,鬼は列の一番後ろの人の背中にタッチする。列になった人はタッチされないように協力して逃げる。

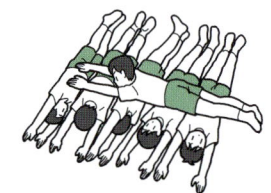

【リズムに乗った運動】
① リーダーがみんなの前で,変化をつけて踊る。
② ほかの人は,リーダーと同じような動きをする。20秒程度でリーダーを交代する。

【丸太転がし】
① 10人程度が横一列に並び,うつぶせになる。
② 1人がみんなの背中の上に横になる。
③ 全員,同じ方向に回転しながら上に乗っている人を運ぶ。

【知恵の輪】
① リーダーが後ろを向いている間に,ほかの人は手をつないで円形になり,手を離さないで円形を大きく変える。
② リーダーが前を向き,みんなに指示をして,元の円形に戻す。

> **考えてみよう**
> 自分たちで考えた「体ほぐしの運動」
> (　　　　　　　　　　　　　　　　　　　　　　　　)

(2) 体力を高める運動

■ 体力とは－体力の要素－

　私たちが生活し，いろいろな活動をしていくために必要となる，体の総合的な力のことを体力といいます。体力は大きく2つに分けることができます。1つは，日々の生活や運動，スポーツで力を発揮する行動体力です。もう1つは，病気やストレスから私たちの体を守る防衛体力です。この2つの体力があるおかげで，私たちは健康な生活を送ることができるのです。

　日ごろ，私たちが使う体力という言葉は，行動体力にあたるものです。この体力を高めれば，行動が活発になったり，つかれにくくなったり，病気やけがからの回復が早くなったりします。行動体力はいくつかの要素に分けることができます。

…… 健康を支える3つの基本 ……

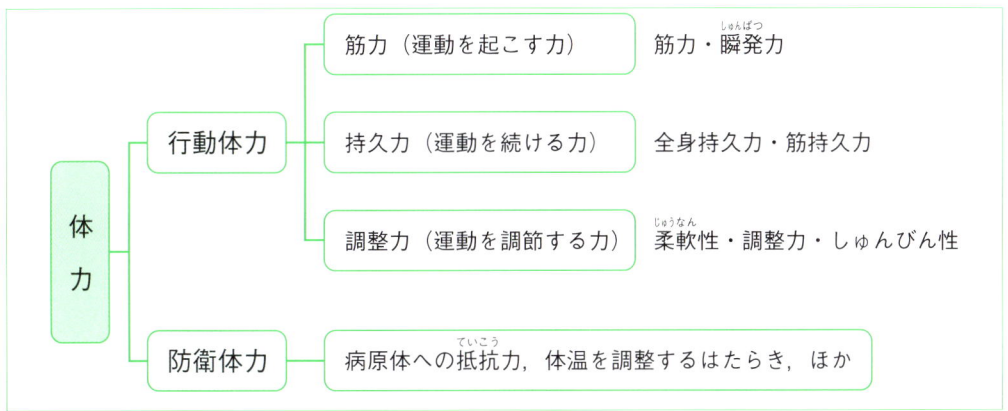

> **考えてみよう**
>
> マラソンや長距離走で使う体力は,「体力の要素」の中のどれにあたりますか。また,平均台の上を歩く運動はどれでしょうか。

■ 体力をはかる－体力テスト－

　体力は,体力テストではかることができます。学校では「新体力テスト」が行われています。これは個人の体力や運動能力を調べるための体力測定の1つです。毎年行われ,全国平均が発表されています。体力テストをすることで,自分の体力が平均と比べてどうか,昨年度と比べてどうかを知ることができます。

　新体力テストには次の項目があり,それぞれの運動能力を調べます。

測定項目	体力の要素・運動能力
握力	筋力(筋肉が力をだす能力)
上体起こし	筋力・筋持久力(筋肉が力を出したり,筋肉が力を出し続ける能力)
長座体前屈	柔軟性(体を曲げたり伸ばしたりする能力)
反復横とび	しゅんびん性(体をすばやく動かす能力)
20mシャトルラン(往復持久走)	全身持久力(全身で運動を続ける能力)
50m走	走る能力
立ち幅とび	とぶ能力
ソフトボール投げ	投げる能力

(文部科学省「子どもの体力向上」ホームページ)

　新体力テストの各項目の得点結果を「項目別得点表」を参考にしてグラフにすると,自分の体力や運動能力のレベルが分かります。右のグラフは,八角形が大きいほど体力・運動能力のレベルが高く,また,正八角形

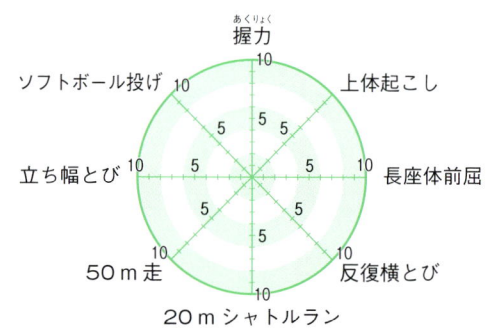

に近いほど体力・運動能力のバランスがいいことが分かります。

項目別得点表

男子

得点	握力	上体起こし	長座体前屈	反復横とび	20mシャトルラン	50m走	立ち幅とび	ソフトボール投げ	得点
10	26kg以上	26回以上	49cm以上	50点以上	80回以上	8.0秒以下	192cm以上	40m以上	10
9	23〜25	23〜25	43〜48	46〜49	69〜79	8.1〜8.4	180〜191	35〜39	9
8	20〜22	20〜22	38〜42	42〜45	57〜68	8.5〜8.8	168〜179	30〜34	8
7	17〜19	18〜19	34〜37	38〜41	45〜56	8.9〜9.3	156〜167	24〜29	7
6	14〜16	15〜17	30〜33	34〜37	33〜44	9.4〜9.9	143〜155	18〜23	6
5	11〜13	12〜14	27〜29	30〜33	23〜32	10.0〜10.6	130〜142	13〜17	5
4	9〜10	9〜11	23〜26	26〜29	15〜22	10.7〜11.4	117〜129	10〜12	4
3	7〜8	6〜8	19〜22	22〜25	10〜14	11.5〜12.2	105〜116	7〜9	3
2	5〜6	3〜5	15〜18	18〜21	8〜9	12.3〜13.0	93〜104	5〜6	2
1	4kg以下	2回以下	14cm以下	17点以下	7回以下	13.1秒以上	92cm以下	4m以下	1

女子

得点	握力	上体起こし	長座体前屈	反復横とび	20mシャトルラン	50m走	立ち幅とび	ソフトボール投げ	得点
10	25kg以上	23回以上	52cm以上	47点以上	64回以上	8.3秒以下	181cm以上	25m以上	10
9	22〜24	20〜22	46〜51	43〜46	54〜63	8.4〜8.7	170〜180	21〜24	9
8	19〜21	18〜19	41〜45	40〜42	44〜53	8.8〜9.1	160〜169	17〜20	8
7	16〜18	16〜17	37〜40	36〜39	35〜43	9.2〜9.6	147〜159	14〜16	7
6	13〜15	14〜15	33〜36	32〜35	26〜34	9.7〜10.2	134〜146	11〜13	6
5	11〜12	12〜13	29〜32	28〜31	19〜25	10.3〜10.9	121〜133	8〜10	5
4	9〜10	9〜11	25〜28	25〜27	14〜18	11.0〜11.6	109〜120	6〜7	4
3	7〜8	6〜8	21〜24	21〜24	10〜13	11.7〜12.4	98〜108	5	3
2	4〜6	3〜5	18〜20	17〜20	8〜9	12.5〜13.2	85〜97	4	2
1	3kg以下	2回以下	17cm以下	16点以下	7回以下	13.3秒以上	84cm以下	3m以下	1

総合評価基準表

段階	6歳	7歳	8歳	9歳	10歳	11歳	得点
A	39以上	47以上	53以上	59以上	65以上	71以上	A
B	33〜38	41〜46	46〜52	52〜58	58〜64	63〜70	B
C	27〜32	34〜40	39〜45	45〜51	50〜57	55〜62	C
D	22〜26	27〜33	32〜38	38〜44	42〜49	46〜54	D
E	21以下	26以下	31以下	37以下	41以下	45以下	E

（文部科学省「子どもの体力向上ホームページ」）

体力テストの結果を見て，自分の体力の特徴を知り，体力を高めるた

めの方法を選んだり、計画を立てたりしてみましょう。

体力を高めていくためには、毎日の生活のなかに、運動を取り入れていくことが大切です。家の近くの公園や自分の部屋の中でもできる運動もたくさんあります。また、自分の得意な運動や苦手な運動だけをやっていても体力は高くなりません。計画的に、バランスよく、さまざまな運動を毎日続けていくことが、体力を高める近道となります。

体力を高めるために努力することをトレーニングといいます。トレーニングの効果を上げるために大切なこととして、次の5つがあります。

トレーニングの5つの原則

①意識性…トレーニングの意義をよく理解し、目的をもって行うこと
②全面性…体の機能の調和を保つために全面的に高められるようにすること
③反復性…規則的に繰り返し運動を行うこと
④個別性…個人差をよく理解し個々の特徴に応じて行うこと
⑤漸進性…体力の向上に合わせて、運動の量や強さを高めていくこと

■ 体力トレーニングの行い方

トレーニングを効果的で安全に行うためには、次のような手順で進めていくことが大切です。

① 健康診断を受け健康状態の確認をする
　↓
② 体力測定および体力テストを行う
　↓
③ トレーニングの目的と目標を決める
　↓
④ トレーニングの内容を決める
　↓
⑤ 運動の具体的な方法を決める
　↓
⑥ トレーニングを行う

日ごろから体の状態のチェックをして,もしつかれがたまっていたり,体に異常を感じたりしたら,運動の強さを下げたり,運動の回数を減らしたりしましょう。また,定期的に体力テストを行い,トレーニングの効果が上がっているかどうかを確認することも大切です。

くらしに生かそう

　自分のトレーニングの目的を考え,体力トレーニングの計画をたててみましょう。

■ 筋力を高める運動 －力強い動きを高める運動－

　筋力は道具や自分の体重を利用して,体に負荷をかけることによって高めることができます。自分がもっている力の70％から80％くらいの運動の強さで10回前後繰り返すことで,筋力を効果的に高めることができます。

……　家でもできる運動　……

腹筋　　　腕立てふせ　　　スクワット　　　ダンベル

……　スポーツクラブ
などで行う運動　……

トレーニングマシーン

■ 持久力を高める運動

　持久力には，全身を使って運動を続ける全身持久力と，体の一部の筋肉を使う筋持久力があります。全身持久力は，ウォーキングやジョギング，水泳，自転車などの運動を続けて行うことで高まります。また，筋持久力は，例えば腕立てふせなど，体の一部分を使った運動を，すばやく，できるだけ多くの回数行うことで高めることができます。

自転車（サイクリング）
① 交通ルールを守り，安全に気をつけながら行う。
② なるべく車や人が少ない広い道や自転車の専用のコースがある道路などを選ぶ。

■ 調整力を高める運動

　調整力とは，相手やボールの動きに合わせて自分の体を動かす能力のことをいいます。調整力は，なわ跳びやボールを利用して体をすばやく動かしたり，平均台や足場の悪い場所でバランスをとったりする運動によって高めることができます。

バランスボール

① 基本姿勢。背中を伸ばし，ボールの上に座って，膝が直角になるくらいのボールを選ぶ。座ったら，お尻を前後に動かす。
② 基本姿勢から，体をバウンドさせる。できるだけ，体の力をぬいて行う。
③ 基本姿勢から，足を床から上げる。はじめは片足ずつ上げ，できるようになったら，両足を上げて行う。
※転倒に気をつけ，人と接触することがないよう，広い場所で行いましょう。

■ 柔軟性を高める運動

　柔軟性とは，体の筋肉や関節などの柔らかさのことをいいます。体が柔らかくなると，スポーツをしてもけがをしにくくなる，動きやすく，つかれにくくなる，気分がスッキリするといった効果があります。柔軟性は筋肉をゆっくり動かして，関節が動く範囲を広げるための運動を行うことで高めることができます。体育の授業のときに，準備運動や整理運動で行うストレッチングは，この運動の1つです。

　ストレッチングを行うときには，次の5点に気をつけて行いましょう。
① はずみをつけないでゆっくりのばす。
② 心地よいと感じるくらいまでのばす。
③ のばしている部位を意識する。
④ 10秒から30秒間ほどそのままの姿勢でいる。
⑤ 息を止めないで行う。

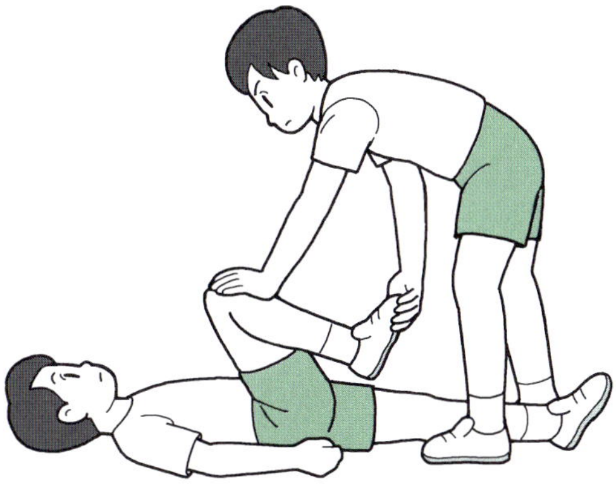

■ ラジオ体操をしよう！

ラジオ体操は，子どもからお年寄りまで，年齢に関係なく簡単に取り組めることから，日本全国，さまざまな場所で行われています。

ラジオ体操には，第1と第2があります。

曲に合わせて体を動かしていくことで，全身の運動ができる点が特徴です。ラジオ体操は，椅子に座って行うこともできます。

インターネットで動画も紹介されていますので参考にしてみましょう。

> **ラジオ体操第1**

1. のびの運動
2. 腕を振って足を曲げのばす運動
3. 腕を回す運動
4. 胸を反らす運動
5. 体を横に曲げる運動
6. 体を前後に曲げる運動
7. 体をねじる運動
8. 腕を上下にのばす運動
9. 体を斜め下に曲げ，胸を反らす運動
10. 体を回す運動
11. 両足で跳ぶ運動
12. 腕を振って足を曲げのばす運動
13. 深呼吸の運動

2 器械運動

■ くらしと器械運動

器械運動は，鉄棒，跳び箱，平均台，マットなどの体操用器械や器具の特性に合わせて，自分ができそうな技に挑戦するスポーツです。自分の体をどう動かせばよいのかを考えて，練習で体をコントロールする力を高めていきます。体をコントロールする力は，危険なことから自分の体を守る力にもなっていきます。技を繰り返したり組み合わせたりして練習してみましょう。

器械運動は，毎日の生活のなかで経験しない動きが多いので，技ができたことや，そのできばえによって楽しく嬉しい気持ちになる運動です。

また，友達といっしょに技を組み合わせて，演技を発表することもできます。どんな演技ができるかについても考えてみましょう。そして，演技を発表し合い，お互い上手にできたところを話し合いましょう。

運動するときに気をつけること

- 1人では練習せず，補助者についてもらって練習する。
- 準備運動をして，体をよくほぐす。
 （関節やアキレスけんのけがの予防）
- 使う器械や器具の安全を点検する。
 ＊器械や器具が不安定ではないか，マットのつなぎ目に隙間はないか，ベルトなどで足をひっかけないかなどについて十分確かめる。
- 運動するための十分なスペースがあることを確かめる。

> **調べてみよう**
>
> 器械運動は，オリンピックや世界選手権の競技種目にもなっています。他にどのような競技があるか，調べてみましょう。

(1) 鉄棒

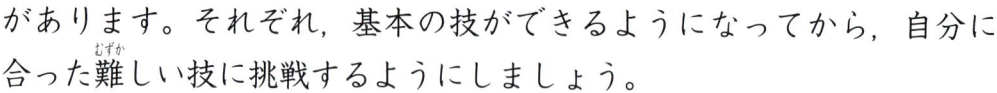

鉄棒には，低鉄棒と高鉄棒があります。

鉄棒の技には，鉄棒に上がる「上がり技」，両腕で体を支えて行う「支持回転技」，鉄棒から下りる「下り技」があります。それぞれ，基本の技ができるようになってから，自分に合った難しい技に挑戦するようにしましょう。

また，「上がり技」「支持回転技」「下り技」を組み合わせたり，ペアやグループで動きをそろえたりして，演技を行うこともできます。

こんな練習をしてみよう

▶膝かけ振り上がり

① 鉄棒を両手で持ち，片方の足をかけ，膝でぶら下がる。
② ひじをのばして鉄棒を握り，足をのばして体を大きく振り始める。
③ 2〜3回体を大きく振りながら，膝をのばして足が遠くを通るように勢いよく振り下ろす。
④ 体が起きてくるのに合わせて手首を返し，鉄棒を下に押して起き上がる。
⑤ まっすぐ前を見て，背中を反らし，腕をのばす。

①
鉄棒を両手で握り片足をかける

②
腕をのばし，肩から後ろに回転させる

③
かけていない足を振り上げる

④

⑤
手首を返しながら鉄棒を下に押しつけるようにする

▶逆上がり

① 鉄棒を順手握りで持ち，あごを引く。ひじを曲げて助走をし，鉄棒の真下を過ぎたら踏み切る。
② 太ももを鉄棒に引きつけ，おなかを鉄棒につける。
③ 起き上がると同時に手首を返す。
④ 顔を起こしてまっすぐ前を見て，背中を反らし，腕をのばす。

足先を前方に振り込む　　　すばやく手首を返して上体を起こす

(2) 跳び箱

跳び箱の台上には布が張ってあり，その下は木の枠を積み重ねて，高さを調整できるようになっています。自分に合った高さを選んで跳ぶようにします。

技には，開脚跳びなどの「切り返し系」や台上前転などの「回転系」があります。どの技も踏み切りがとても大切です。跳び箱の手前に踏み切りを補助する踏み切り板を置き，それを使って技を行います。踏み切りのポイントは，技によりちがいます。練習を繰り返して覚えましょう。

こんな練習をしてみよう

▶開脚跳び

① 踏み切りまでの距離を決め，スピードを落とさず両足同時に踏み切ることができるように，助走の歩数を合わせる。
② 両足をそろえて力強く踏み切る。
③ 体を前に投げ出しながら，跳び箱の前方に両手を着く。
④ 両手を突き放し，顔を上げ，勢いよく跳びこえる。
⑤ 膝を曲げて安全に着地し，体を起こしてポーズをとる。

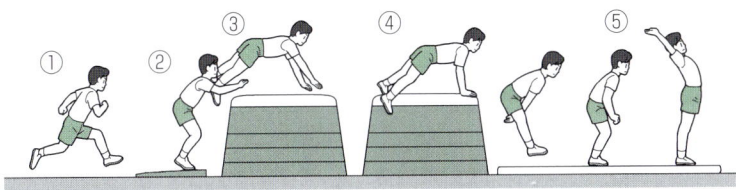

▶台上前転
① 助走から踏み込むまでは，開脚跳びと同じ。
② 両足で力強く踏み切り，手の着く位置をよく見ながら両手を広げて台上に着く。
③ 腕でしっかり体を支えながら，頭を腕の中に入れ，腰の位置を高くして前転する。
④ 膝を曲げ，安全に着地したら，体を起こしてポーズをとる。

（3）平均台

演技をする平均台の上面は，幅が10cmしかありません。落ちないように体のバランスをとりながら，「歩」「走」「跳躍」「ポーズ」「ターン」を組み合わせて，美しい姿勢や安定感を表現します。

練習をするときは，自分に合った高さの平均台を選び，事故のないようにしましょう。

こんな練習をしてみよう

▶両足ターン
① 両手を上げて，かかとを上げる。
② 体をつり上げるようにして，つま先で回る。

▶片足正ターン
① 両手を前に振り出し，片足を上げる。
② 両手を広げ，ターンのきっかけをつくり，一気に回る。

③ ターンしたときは，両手を開いて膝を曲げバランスをとる。

▶**後ろ歩き**

① 足の内側で平均台の横をすりながら，足を後ろに動かす。
② 足の位置が分かったら足を平均台にもどし，バランスを保ちながら，また足を後ろへ動かす。

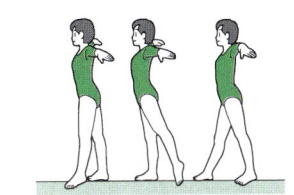

▶**片足立ち（ポーズ）**

・前方を見て，胸を張ってバランスを保つ。（A，B）
・つま先とお尻に力を入れて，バランスを保つ。（C）

（4）マット運動

厚みのあるマットの上で，「回転技」や「倒立技」をします。技に慣れて安定してきたら，技を繰り返したり，組み合わせたりします。ペアやグループで動きを組み合わせた演技もできます。

> こんな練習をしてみよう

▶**連続前転**

① 指を軽く開いて腕を前にのばし，足で蹴り出す。
② 自分のおなかを見るように首を曲げ，頭の後ろをマットに着けるようにする。
③ 頭の後ろ，首，背中，腰の順番に，ボールが転がるように回転していく。
④ 腕を前に出した姿勢のまま，次の前転ができるように首を曲げ，すぐに足を蹴り出す。

▶連続後転
① 背中を曲げてしゃがみ，両手を前にのばして指を広げる。
② 回転力をつけるように両手を耳の横まで振り上げ，お尻，腰，背中，首の順番でマットに着く。
③ 首がマットに着いたとき，手のひらでマットを押し上げ，体を浮かすようにして勢いをつけ，足先が頭を越すように回る。
④ 足が着くまで，手でマットを押し続け，しゃがみ立ちをする。
⑤ 足は頭の近くに着き，次の後転ができるようにしゃがんだ姿勢をつくり，すぐに後ろに回転する。

▶開脚前転
① 前転をしながら，足が上にきたときに，膝をのばす。
② 足が真上にきたら両足を大きく開く。
③ 両手をまたの近くに着き，手でマットを押し上げて起き上がる。

▶開脚後転
① 両手を耳の横まで振り上げながら後ろへ回転を始める。
② お尻から背中，首の順にマットに着けながら後転する。
③ 足先が頭を越したら，マットに足が着く直前に膝をのばしたまま足を大きく開く。
④ 手でマットを押して起き上がる。

3 陸上運動

■ くらしと陸上運動

陸上運動で味わう楽しさ・喜び

陸上運動では，自分の新記録が出たときの達成感や，自分の理想のフォームができたときの満足感，競争することの楽しさを味わうことができます。走ることは，特別な用具がなくてもできる運動です。

ジョギングをしてみましょう

無理をせず，安全に気をつけて，屋外でジョギングをしてみましょう。いろいろな風景が見え，たくさんの人に出会えます。ソックスをはき，自分に合ったシューズで走りましょう。そして，どんな服装がよいかについて，考えてみましょう。

スポーツ大会で走ってみましょう

スポーツ大会には，陸上の種目がたくさんあります。自分の得意な種目に出場するのは，とても楽しいことです。スポーツ大会に出場したいときは，市役所や町村役場などに問い合わせてみましょう。申し込み締め切りが，大会の3〜4か月前になっていることが多いので，出場したい気持ちを家族などに伝えておきましょう。

> **考えてみよう・調べてみよう**
>
> スポーツ大会ではどんな種目に出てみたいですか？
> また，どんなマラソン大会がありますか？

（1）短距離走

　短距離走では，50〜400m程度の距離を走ります。競争したり，自分のタイムを短縮したり，理想的なフォームを身につけたりするように練習します。練習で走る距離は，自分の技能・体力やグラウンドに合わせて決めましょう。

こんな練習をしてみよう

　1時間を目安とした練習の例です。実際に走る時間や距離は，体調や気候などによって決めます。

① ジョギング（走る→スキップ→サイドステップ→走る）を2分程度，体操とストレッチングを3分程度行う

② 次の順序で基本動作を15分程度行う

・**ウォーキング**：肩から腕をしっかり振り，かかとから着地する。

・**両足ジャンプとスキップ**：ももを上げてジャンプする。次に，大きく腕を振ってスキップする。

・**もも上げ→ダッシュ**：もも上げをした後，ダッシュする。

・**スタートダッシュ**：立ったままでするスタンディングスタートか，両手の指を地面につけてするクラウチングスタートのどちらかをする。

③ 本練習を20分程度行う

　30m程度の距離で，ダッシュを3回程度行う。また，100mなど距離を決めてタイムトライアルを1回行う。

④ 整理運動として，ストレッチングを5分程度行う。

両足ジャンプ　　もも上げ

スタンディングスタート　クラウチングスタート

(2) 持久走

持久走では，自分のスピードを長く続けられるフォームで，ペースを守りながら，1000〜3000m程度の距離を走り，タイムを短縮したり競争したりします。練習で走る距離は，自分たちの技能・体力や気候などに合わせて決めましょう。

こんな練習をしてみよう

気候や技能，体力に合わせて，途中で休憩しながら練習します。
① ジョギングを2分程度，体操とストレッチを3分程度行う。
② 短距離走の基本動作を15分程度行う。
・ウォーキング　・両足ジャンプ　・スキップ
・もも上げ　　　・もも上げ→ダッシュ
③ 本練習を行う。
・実際に走る距離や時間は，体調や気候などによって決める。
・ジョギングを20分間，次に，規則正しくテンポを刻みながら走るテンポ走(100m程度)と，ダッシュ（30m程度）を繰り返して行う。
・同じペースで走るペースランニングを3000m程度行う。校外で走るときは，ジョギングのペースで，安全に十分気をつけて行う。
④ 整理運動として，ジョギングやストレッチングを5分程度行う。

大切な水分補給！

練習前に，約200cc（コップ1杯）の水分をゆっくり，数回に分けて飲みます。15〜20分の練習をしたら，約200cc（コップ1杯）飲むようにしましょう。

「駅伝」の練習をしてみよう

ジョギングを楽しむ人が集まれば，長い距離を走ってたすきをリレー

する「駅伝」ができます。自分たちで無理なく走ることのできる距離を決めて練習しましょう。駅伝の大会は，各地で行われています。

調べてみよう

どんな駅伝があるか調べてみましょう。

_____ 駅伝　場所（　　　）　時期（　　月）
_____ 駅伝　場所（　　　）　時期（　　月）

（3）リレー

　リレーは，何人かでチームを組み，1人ひとりが全力で走りながらバトンパスをし，チームで競い合ったり，記録に挑戦したりすることを楽しむ運動です。リレーで走る距離は，1人100m程度が目安となりますが，自分たちの技能・体力やグラウンドの大きさなどによって決めましょう。

バトンパスの練習をしよう

① 走順の逆に，10m間隔で，縦一列に並ぶ。
② 最後尾の人がバトンを右手に持って走り，前の人に声をかける。前の人は，手のひらを上にして左手でバトンを受け取る。同じようにして，最前列の人までバトンの受け渡しをする。
③ バトンの受け渡しをするテークオーバーゾーンの中で，バトンを受け取る練習をする。

・自分がスタートする地点から，バトンを渡してくれる人の方に向かって，10足分程度のところに目印を置く。
・前の走者が目印まで来たときにスタートする。
・追い越されるなら遠くに，バトンが受け取れないなら近くに目印を動かし，ちょうどよい位置を決める。

(4) 跳躍

　跳躍には，走り幅とびや走り高とびがあります。助走し，片足で踏み切って前方や上方に跳びます。理想のフォームを身につけたり，記録をのばしたりすることを楽しむ運動です。跳躍では，自分の踏切足を知ることが大切です。片足ずつ交互に振り上げ，高く上がる足と反対の足が踏切足です。

走り幅とび（かがみとび・反りとび）の練習をしよう

① **助走**：14～18歩程度の助走で練習する。もも上げをしながら，スピードを上げるようにして走る。
② **踏切**：上体を起こして，踏切足で地面を強く押し，振り上げた足や腕をすばやく引き上げる。
③ **着地**：腕の振り下ろしと膝の引き上げから，かかとの踏み出しにつなげていく。

走り高とび（はさみとび）の練習をしよう

① **助走**：バーに対して30～45度の方向から，リズミカルにまっすぐ助走する。
② **踏切**：踏み切り前3歩はすばやく走り込み，真上にのび上がるように足裏全体で，強く踏み切る。振り上げた足の引き上げと両腕の引き下げをタイミングよく行う。
③ **空中**：跳ぶときには，振り上げ足を膝からすばやくまっすぐ持ち上げる。ぬき足は，振り上げ足に対し，直角方向にボールを蹴るようにすばやく蹴り上げる。

（5）障害走

障害走は、いくつかのハードル（障害物）を、スピードに乗ってリズミカルに走り越す運動です。記録に挑戦したり、競争したりすることを楽しむことができます。

障害走（ハードル走）の練習をしよう

ハードル走の距離は50〜100m程度で、その間にハードルを5〜10台程度置きます。練習では、自分たちの技能・体力やグラウンドの状態などによって、距離やハードルの数を決めて行いましょう。

① **助走**：スタートからハードルまで、同じ歩数で全力で走る。

② **踏み切り**：ハードルから遠い位置で踏み切り、振り上げ足をまっすぐ振り上げる。

③ **越える高さ**：ハードルから20〜30cm上の高さで越えるようにする。

④ **ぬき足**：ぬき足を脇の下から出すようにして、ハードルを越える。

⑤ **着地**：顔を前に出し、胸を前に倒すようにして着地する。

⑥ **インターバルの走り方**：ハードルを越えて着地した足から、「0, 1, 2, 3」と数えながら最後のハードルまで3歩のリズムで続けて走る。

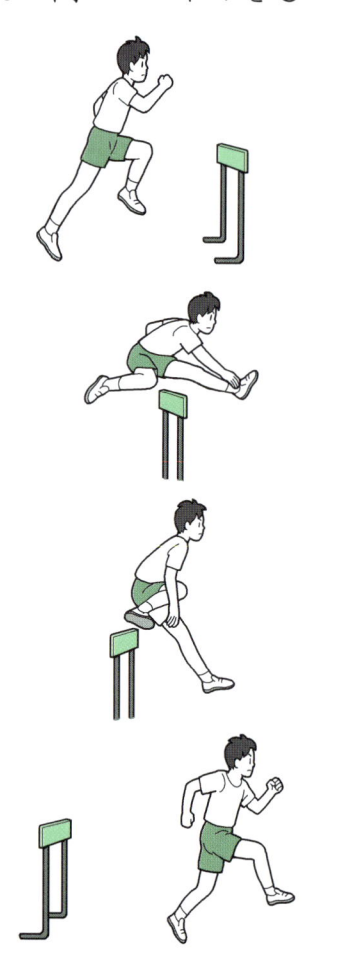

4 水泳

■ くらしと水泳

　水泳は水の中で首や脚，手，腕などの全身を組み合わせて行う運動です。陸上で行う運動より体への負担が少なく，基本的な体力が身につき，じょうぶな体をつくります。

　また，水の中で体を動かすときや体温を保つときに，たくさんのエネルギーが使われます。水中で運動しながら呼吸をするので，腕や脚だけでなく心臓や肺を鍛えることもできます。

泳ぐ前に気をつけること

体調チェック
- 熱はないですか？
- けがはしていませんか？
- ごはんは食べましたか？
- おなかは痛くありませんか？
- トイレに行きましたか？
- 爪は切りましたか？
- 耳あかは取りましたか？
- つかれていませんか？
- 昨日の夜はちゃんと眠れましたか？

泳ぐ場所のチェック
- 水の温度(水温)は？ 温かい？ 冷たい？
  →手でさわって確かめましょう。
- 深さは？
  →浅いところから入りましょう。
- 水はきれいかな？
  →見て確かめましょう。

プールに入るとき
- シャワーを浴びましょう。
- 準備体操をしましょう。
- プールの水を体にかけて水の温度を確かめましょう。
- 手や足に水をかけてから，静かにプールに入りましょう。

（1）水中での呼吸の仕方

>こんな練習をしてみよう

▶呼吸の練習
① 顔を水の上に出して，口でたくさん息を吸う。
② 息を止めて頭まで水中にもぐる。
③ 水の中で鼻から息を出す。
④ 顔を水の上に出して「ぱっ」と息を吸う。

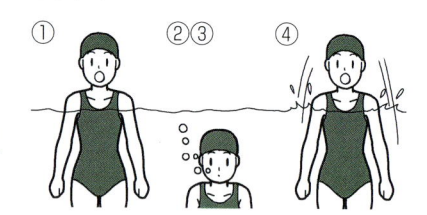

▶水中でジャンプ
① 水の上で息を吸い，水中にもぐる。
② 水の中で鼻から息を出す。
③ プールの底を強く蹴ってジャンプする。
④ 顔が水の上に出たときに「ぱっ」と息を吸う。
　＊①～④を繰り返す。

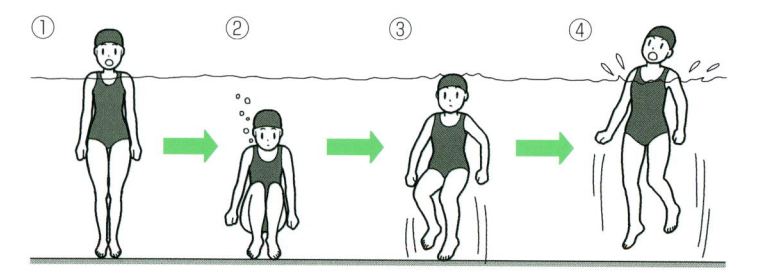

▶水中から前方へのジャンプ
　水中からのジャンプのときと同じように呼吸をし，ジャンプしながら前方に進む。ジャンプするときに腕を使うとより前へ進む。

(2) バタ足で泳ぐ

> こんな練習をしてみよう

▶ふし浮き
① 息を止めて顔を水に入れる。
② 手の指先から足のつま先までまっすぐ体をのばして浮く。
③ 目を開けて，プールの底を見て，体の力をぬく。

▶けのび
① かべに背中をつける。
② 背中を丸めて，顔を水に入れる。
③ プールの壁を強く蹴って水面をまっすぐ進む。

▶バタ足
① 椅子に座り，右足と左足を交互に上下に動かす。膝や足首をまっすぐのばし，太ももを使って動かす。
② 腰かけキック
・プールサイドに腰かけ，足をつま先までまっすぐのばす。
・次に，左右の足の親指同士がくっつくように動かして，足の甲で水を蹴る。
③ 壁キック
壁をつかみ，けのびの姿勢をとり，顔を上げて足を上下に動かす。
④ ビート板キック
・ビート板をつかんで，手をまっすぐのばし，体が一直線になるように水面に浮く。
・次に，膝をのばしたまま，足の付け根から動かす。

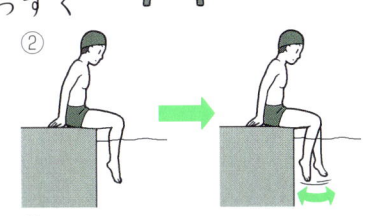

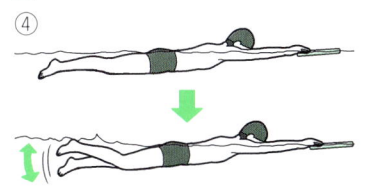

41

(3) クロール

> こんな練習をしてみよう

▶プールサイドでの水をかく練習
① 肩の高さで両手を前にのばし，そろえる。
② 右手を下に回し，太ももにタッチする。
③ その右手を後ろから大きく前にもどす。
④ 左手を下に回し，太ももにタッチする。
⑤ その左手を後ろから大きく前にもどす。
　※①〜⑤を繰り返す。
　※大きな鏡の前ですると，自分の手の動きが分かりやすい。

▶プールの中で水をかく動作と呼吸の練習
① プールの壁に向かい体をまっすぐのばし，水面に浮く。手でプールサイドをつかむ。
② 右手を下に回しながら，顔を横に上げて「ぱっ」と息を吸う。
③ 右手で水をかきながら，太もものあたりまで移動させた後，前にもどす。
　※左手も同じように①〜③の順番で繰り返す。
　※手で水を2回かいた後，顔を1回上げて呼吸する。
　※顔を上げたときに，のばしている腕が耳につくようにする。
　※慣れてきたら，水の中で歩きながら練習する。

▶ビート板を使った水をかく練習
① ビート板のへりをつかみ，頭を入れ，バタ足で前に進む。
② 右手をビート板から離(はな)して水をかく。
③ おなかの下のあたりで水をかくようにする。
④ 右手を後ろにかきながら，顔を横に上げて「ぱっ」と息を吸う。
⑤ 手が太ももまできたら，できるだけ前を意識(いしき)して右手をのばす。
　※左手も同じように①～⑤の順番で繰り返す。
　※左右の手で水を2回かき，顔を1回上げて呼吸する。
　※顔を上げたときに，耳とのばしている腕がつくようにする。

▶手と足を使った泳ぐ練習
① 壁を強く蹴って，けのびの姿勢をとる。
② けのびと同時にバタ足を始める。
③ 右手でおなかの下のほうに水をかく。
④ 水をかく手が太ももに触れたら，前に手をもどす。同時に顔をあげ，息つぎ(ぶ)をする。
⑤ 右手が前に戻ったら，今度は左手で水をかく動作を始める。

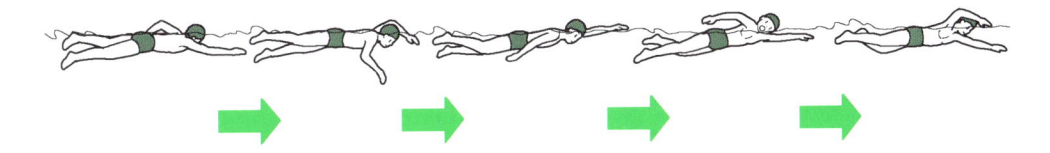

(4) 背(せ)泳ぎ

こんな練習をしてみよう

▶背浮き
① プールサイドやコースロープをつかんで，天井(てんじょう)を見て水面に浮く。

② 両手は足につけて，力をぬく。
③ ビート板を胸に軽くかかえて浮いてみる。

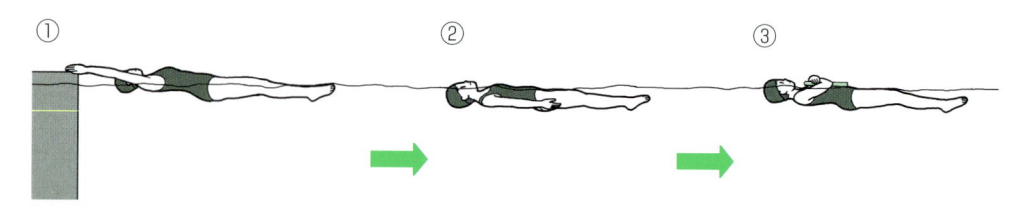

▶片手でビート板を持ち，水をかきながら前に進む練習
① おなかの上にビート板を置き，片手で押さえる。ビート板を持つ反対の手を使って水をかいて前に進む。
② 右手で水を10回かいた後，左手で10回行う。

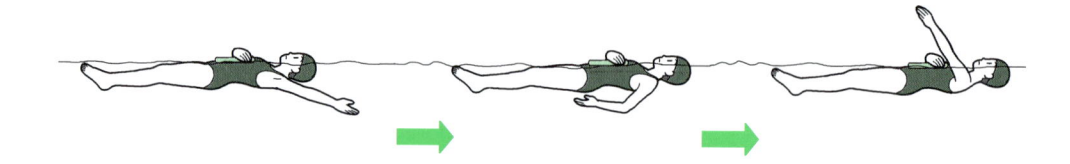

(5) 平泳ぎ

こんな練習をしてみよう

▶足の形
① 足をそろえてまっすぐのばす。
② 両足のかかとを同時にお尻のほうに引き寄せる。
③ 足の裏で円をかくように水を蹴り，もどす。

▶水をかく動作
① 両腕を体の前でまっすぐのばす。
② 手のひらを外側に向け，腕を大きく開く。
③ ひじを体に寄せて，両手を胸の前で合わせる。このときに顔を上げて呼吸をする。
④ 両手を前に伸ばすと同時に，頭ももどす。

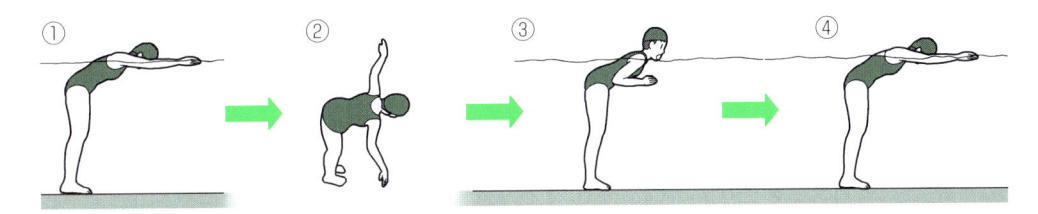

▶手と足を使った泳ぎの練習
① 手を胸の前で合わせたときに，足のかかとをお尻に近づける。
② 手を前にのばしたときに，両足で水を蹴る。
③ 蹴り終わったときに，両手と両足をまっすぐのばす。

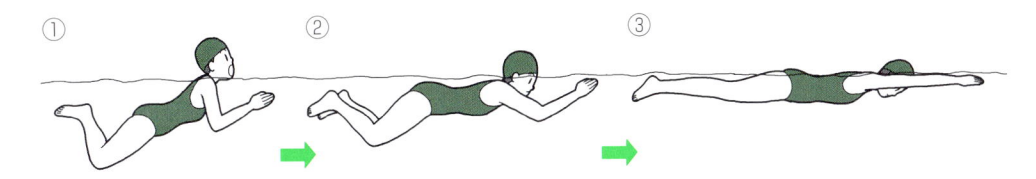

(6) 横泳ぎ

こんな練習をしてみよう

① 顔だけ水面から出し，体を横にして浮き，左手は前，右手は足のほうにのばす。
② 手足を同時に曲げる。手は胸の前に寄せ，足は前後に大きく開く。
③ 左手を前へのばし，右手は後ろにかく。同時に足で水をはさむように，両足を合わせる。

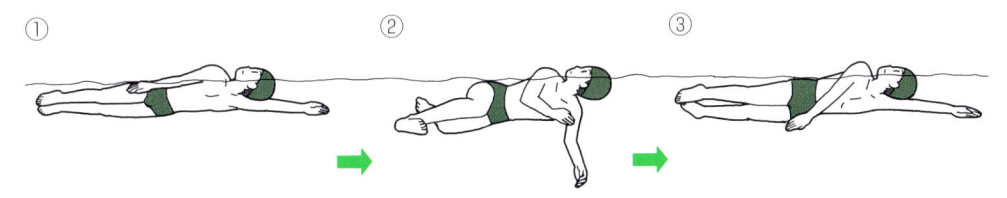

(7) 長い距離を泳ぐ

いろいろな泳ぎ方ができるようになったら長い距離にチャレンジしてみよう。

▶長い距離を泳ぐ時のポイント
① 手のかきとキック，呼吸のタイミングに気をつける。
② 同じスピードで泳ぐ。
③ 呼吸のリズムを同じにする。
④ ターンではプールの壁をしっかりタッチして，体を回転させてから強く壁を蹴る。

(8) 海や川で気をつけること

安全のため，次のことを守って泳ぐことが大切です。
・熱があるときや，睡眠不足のときなど体調が万全でないときは水遊びはやめる。
・準備運動を必ず行う。
・手や足に水をかけてからゆっくり水の中に入る。
・1人で泳がないようにする。
・海岸では必ず監視員がいるところで泳ぐ。
・監視員の指示を守る(天候によって遊泳禁止になることがある)。
・禁止区域には入らない。
・川の流れが速い場所，急に深くなる場所に十分気をつける。
・つかれを感じたら水から出て休憩する。

5 球技

■ くらしと球技

いろいろな球技種目を経験しよう

　球技にはいろいろな種目があります。1対1で行う種目もあれば，チームで行う種目もあります。ボールやコートの大きさ，ルールなどもちがいます。いろいろな種目を経験し，それぞれの楽しさを知り，自分が生涯を通じてかかわっていくことのできるスポーツを見つけていきましょう。

運動技能を身につけよう

　例えば，サッカーでは，ドリブル，パス，シュートなどの運動技能が必要となります。それぞれの種目に必要な運動技能を知り，練習を通して身につけていくことで球技の楽しさをより味わえるようになります。また，攻め方や守り方の作戦を立て，それが成功するように練習していくことも大切です。

チーム分けやルールについて工夫しよう

　球技は主に勝ち負けを競い合うことに楽しさがあります。勝敗の機会が平等になるように，チーム分けや組み合わせを考えてみましょう。また，球技のルールは種目ごとに決められたものがあります。参加する人の人数や体力，レベルに合わせてルールを変え，みんなが楽しめるように工夫してみましょう。

スポーツをみてみよう

　よいプレーをみたり，それをまねしたりすることは運動技能の上達にもつながります。攻め方や守り方についての作戦を立てるときのヒントにもなります。プロ野球やサッカーのJリーグなどは，テレビでも見られるので，それらをみて自分たちの練習や試合に役立ててみましょう。

スポーツ観戦に出かけよう

　実際にスタジアムに行って試合をみれば，スポーツの素晴らしさや感動をより味わうことができるでしょう。好きなチームや好きな選手を応援するのも楽しみ方の1つです。スポーツ観戦をするためには，

試合の日時や場所，チケットの買い方，交通手段などを事前に確認することが大切です。

> **調べてみよう**
>
> スポーツの国際交流はさまざまなかたちで行われています。代表的なスポーツイベントには，オリンピックやパラリンピックがあります。これらのスポーツイベントで行われている種目や歴史について調べてみましょう。

（1）フットベースボール

野球はピッチャーが投げたボールをバットで打ち返します。フットベースボールは，ピッチャーが転がして投げたボールを，バッターが足で蹴るスポーツです。ボールはサッカーボールくらいの大きさの物を使います。野球と同じく4つのベースがあり，バッターがベースを回り，ホームベースに帰ってくることで得点になります。守備は，バッターが蹴ったボールを地面に落ちる前にキャッチしたり，バッターよりも先に1塁にふれることなどで，アウトにすることができます。3回アウトになると，攻撃と守備が交代します。キックベースボールやキックベース，キックと呼ぶこともあります。

ルールを覚えよう

次の基本的なことをルールから確認しましょう。
- 攻撃（蹴る人）では，どこをめがけてボールを蹴ればよいのか。
- ベースとベースの間は，どのように走ったらよいのか。
- 守備（守る人）は，どこで構えていたらよいのか。ボールを捕ったときにはどこに投げればよいのか。どのようになったらアウトになるのか。

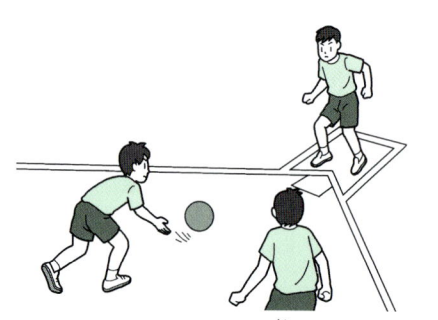

▶ボールの蹴り方
・サイドキック(足の内側で蹴る)
・インステップキック(足の甲で蹴る)
・トーキック(つま先で蹴る)

サイドキック　インステップキック　トーキック

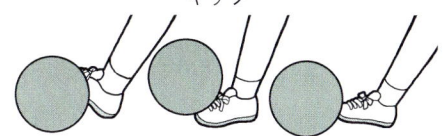

やってみよう

ベースを1つにして、ワンベースボールをやってみましょう。細かいルールは自分たちで考えてみましょう。

(2) ソフトボール

ソフトボールは、野球から生まれたスポーツです。野球と同じようにピッチャーが投げたボールをバッターが打ちます。3つのベースを回り、ホームベースに帰ってくることで得点になります。野球に比べ、ややせまいグラウンドで行い、ボールは大きめで、柔らかいため、野球よりも取り組みやすく、年齢や性別を問わず、幅広く行われています。

一方で、トッププレーヤーの投げる球の速さや、打球の速さは、決して野球に劣らず、プロの野球選手でも、簡単には打てないこともあります。

こんな練習をしてみよう

▶素振りと捕球

バッティングの練習で一番大切なことは、素振りです。練習して正しい振り方を覚えましょう。素振りは、1人でもできる大切な練習です。バットを振るときは、ひと振りひと振り、ボールを打つイメージをもちながら、ていねいに振りましょう。

正しい捕球(ボールを捕る)の仕方を身につけることも大切です。転がってくるボールの正面に体を移動させ、膝を曲げた低い姿勢で捕球しましょう。慣れてきたら、実際にバットで打ってもらったボールを

捕る練習をしましょう。

■ ティーボール

ティーボールでは，ピッチャーが投げるボールを打つのではなく，ティーの上に置かれたボールを打ちます。止まっているボールを打つので，打ちやすく，ボールやバットも柔らかいので，多くの人が取り組みやすいスポーツです。また，バッティングや守備の練習でも活用することができます。

(3) サッカー

サッカーは，世界中でもっとも多くの人が行っているといわれているスポーツです。ゲームは11人対11人で行い，ゴールキーパー以外の人は，主にボールを足であつかいます。パスを使いながら相手のゴールに向かって進み，シュートしたボールがゴールに入ると得点になります。時間内にたくさん得点したチームが勝ちになります。

日本では1993年にプロのJリーグが始まり，サッカーは国民的なスポーツになってきています。現在では，ヨーロッパを中心に世界中で日本の選手が活躍しています。

こんな練習をしてみよう

サッカーでは足でボールをあつかうため，ボールを足であつかうことに慣れることが大切です。そのためには，ボール遊びをたくさんしてみましょう。1人でできるボール遊びとしては，ボールリフティングや壁当てなどがあります。仲間がいたら，向かい合ってボールを蹴り合ってみましょう。数人の仲間で枠の中でぶつからないようにドリブル（足でボールを運ぶ）をしてみましょう。ボールを自分の思うようにコントロールできるようになることが上達への第一歩です。

▶ルールを工夫しよう

　みんなが楽しんでゲームに参加できるように次の点を工夫してみましょう。
- ・プレーヤーの人数
- ・グラウンドの広さ
- ・ゴールの形
- ・ボールの種類（しゅるい）　など

（4）バスケットボール

　バスケットボールは，5人対5人で，1つのボールを使い，相手チームのバスケットにボールを投げ入れることで得点となり，時間内に多く得点したチームが勝ちとなるスポーツです。ボールは手であつかい，足で蹴ったり止めたりすることはできません。ゲームは中央のサークル内からジャンプボールで始まり，ボールをついて（ドリブル）ゴールをめざします。ボールを持ったまま3歩以上歩くと，トラベリングという反則（はんそく）となります。体をぶつけることも反則（ファウル）です。相手のゴールにシュートが入ると2点となり，3ポイントラインより外から投げたボールがゴールに入ると3点となります。またシュートをしようとしている人をファウルをして止めると，相手にフリースローが与えられます。バスケットボールはほかのスポーツと比べて得点シーンが多く，攻撃と守備の切り替（か）えも速く，スピード感のあるスポーツです。

こんな練習をしてみよう

　ほかのスポーツと同じように，バスケットボールでも，ボールに慣れ，ボールが体の一部になるくらい慣れ親しむことは，とても大切なことです。

▶ゲームをイメージした練習

　ドリブルやシュートの練習では回数をたくさん行うだけでなく，いつも相手を思い浮かべ，すばやく，正確にシュートをする練習をしましょう。ドリブルは，ボールを取りにくる相手チームを考えながら，小回り，大回り，ストップ，ダッシュなど，ゲームに近い形で行いましょう。

▶ドリブルリレー

　チームを作り，リレー形式で競争をしてみましょう。障害物を置いたり，ラインを引いたりするなど，コースに変化をつけて行いましょう。

■ 3 on 3（スリーオンスリー）

　コートは半面，ゴールは1つを使って行います。人数も3対3の少人数で行います。正式なバスケットボールに比べて，手軽に行うことができます。

（5）バレーボール

　バレーボールは，1チーム6人がネットをはさんで，相手チームとボールを打ち合うスポーツです。試合はサーブで始まり，地面にボールが落ちる前に主に手でボールを打ち，3回以内に相手のコートに打ち返します。相手のコートにボールを落とすと点が入ります。返せなかった場合は相手に点が入ります。1セット25点で，3セットを先に取ったチームが勝ちとなります。

> こんな練習をしてみよう

▶パスの練習

　オーバーハンドパス（ボールを手のひらで包み込むように上にあげるパス）と，アンダーハンドパス（腕を使ってボールをあげるパス）の練習をします。

　1人1つのボールを持ち，オーバーハンドパス

オーバーハンドパス

が何回できるかやってみましょう。次に，相手が投げたボールをオーバーハンドパスやアンダーハンドパスで返してみましょう。大切なことは，ボールがそれたときに，手だけで追わず，ボールの真下に移動して，ボールをとらえることです。相手に返すだけでなく，ボールかごやバスケットゴールなどに入れる練習もしてみましょう。

アンダーハンドパス

■ ビーチボールバレー

バレーボールを柔らかくしたソフトバレーボールよりもさらに柔らかく，軽い，ビーチボールを使ったバレーボールです。ルールや動きは，バレーボールとあまり変わりません。ボールが軽く，ボールが空中に浮いている時間が長いため，バレーボールの基礎を練習する人に適した競技です。バレーボールとは異なるボールの変化もあり，バレーボールの上手な人でも楽むことができます。

(6) ユニバーサルホッケー

ユニバーサルホッケーは，スティックを使って，6人対6人のチームで時間内にボールをゴールに入れ合うスポーツです。もともと行われていたホッケーというスポーツを，簡単で安全に行えるようにしたスポーツです。道具は，プラスティックでつくられているため，軽くて扱いやすく，子どもから大人まで，いろいろな人が楽しむことのできるスポーツです。

ボールを運ぶ動作には，ドリブルとキャリングがあります。ドリブルはボールを突きながら進み，キャリングはスティックのブレード（せんたん部分）にくっつけたまま進みます。シュートには，スティックで打つパスとブレード部分でボールを押し出すプッシングがあります。

こんな練習をしてみよう

スティックのあつかいに慣れるために，1人でいろいろな動きをしてみましょう。ドリブルやキャリングをしながら，ダッシュやストップ，ジグザグ走，ターンなどをします。かべ打ちもよい練習方法の1つです。また，ボールをドリブルやキャリングでゴールまで運び，シュートする練習もしてみましょう。

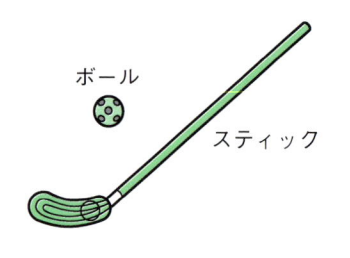

慣れてきたら，友達とパス交換をしたり，ボールを取り合ったりしてみましょう。また，あらかじめパスの順番やコースを決めておき，同じパターンで繰り返しパスやシュートの練習をしてみましょう。簡単なパターンから始め，慣れるにしたがって難しいパターンの練習をします。

最後はゲームをしましょう。全員でボールを追いかけるのではなく，ポジションを決めるなどして，パスをもらうようにします。みんなが楽しめるように，人数やボールの大きさ，試合時間などを工夫してみましょう。

(7) 卓球

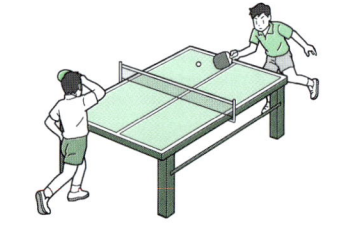

卓球は，英語でテーブルテニスといいます。言葉のとおり，テーブルの上で行うテニスのようなスポーツです。卓球は，イギリスの貴族の遊びから始まったといわれています。台をはさんで，1対1もしくは2対2で小さいボールを専用のラケットで打ち合います。ゲームは11点先取の7ゲーム制や5ゲーム制，3ゲーム制などで行われます。競技スポーツとしての卓球はすばやく動く物を目で追う力，すばやく動く力，長い時間動き続ける力などが求められます。一方，レクリエーションとして，子どもからお年寄りまで楽しめるスポーツでもあります。

こんな練習をしてみよう

▶ラケットの握り方と打ち方

　ラケットの握り方には，シェイクハンド（ラケットに人差し指をつけ，残りの4本の指でグリップを握る）とペンフォルダー（グリップを親指と人差し指で囲むように握り，中・薬・小指はラケットの裏面にまとめる）の2種類があります。卓球はラリーが続くところに，おもしろさがあります。初めのうちは，止まった姿勢でボールを打ち返せるよう，上手な人を相手にして，打ちやすい球をたくさん打つ練習をしましょう。

シェイクハンド

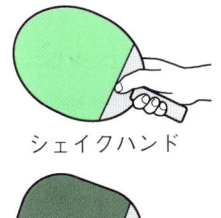

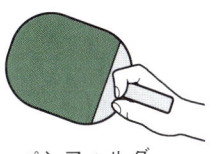

ペンフォルダー

■ ラージボール卓球

　ラージボール卓球は，1988年に子どもからお年寄りまでラリーを楽しめるように日本でつくられました。

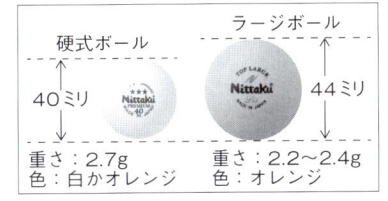

　ラージボールは，通常のボールより大きくて軽いため，スピードも遅く，打ちやすくなっています。ネットの高さも高く，ラリーが続く楽しさを味わいやすくなっています。

硬式ボール　40ミリ　重さ：2.7g　色：白かオレンジ
ラージボール　44ミリ　重さ：2.2〜2.4g　色：オレンジ

（8）バドミントン

　バドミントンは，ネットでしきられたコートで，ラケットを使い，シャトル（コルクに水鳥の羽がついたもの）を打ち合うスポーツです。1対1のシングルスと2対2のダブルスがあります。得点はラリーポイントで21点3ゲームマッチで行われます。手軽なレクリエーションとしても，広く親しまれています。しかし，トッププレイヤー（上級者）のプレーでは，スマッシュのスピードが時速400 kmを超えるなど，とても激しいスポーツです。

> **こんな練習をしてみよう**

▶**シャトル投げ**……ラケットの振り方は，野球のボールを投げるフォームに似ています。ボールのかわりに，シャトルを投げて，ラケットを振る際の練習をしてみましょう。

▶**虫取りあみキャッチ**……虫取りあみをラケットと同じ長さに切ったり，使わなくなったラケットのガット（あみになっているシャトルを打つところ）の部分に虫取りあみをつけ，近くや遠くに打ってもらったシャトルをキャッチしてみましょう！

▶**ドライブショット**……バドミントンには，いろいろなショットがあります。まずは，ドライブショットを練習してみましょう。打ち方は，シャトルが地面と平行に飛んで行くようにすばやく打ちます。特に，ダブルスでは大切なショットです。

▶**サーブ**……バドミントンのサーブは，テニスのように上から打つことができません。腰から下の位置でシャトルを打ちます。相手のコートに目印を置いて何度も練習してみましょう。

6 武道

■ くらしと武道

　武道は，日本の伝統的な文化として発展してきました。「礼に始まり，礼に終わる」といわれるように，礼儀作法を身につけ，対戦する相手を重んじることを大切にするスポーツです。武具を使うものと使わないものがあります。禁止されている技を使うことや乱暴なことはしません。マナーやルールを守って，安全に行います。まず，基本動作を学んでから，相手に応じた動き方や技を覚えます。そして，自分の得意な技を身につけて，試合で使えるようにしていきます。

(1) 柔道

　柔道衣を着た2人が，畳の上で組み合い，投げ技や固め技で勝敗を競います。

　柔道は，柔術を学んでいた嘉納治五郎が，1882年に考え出し，オリンピックでは1964年の第18回大会から正式種目になりました。

> **こんな練習をしてみよう**　※頭を打たないよう気をつけよう。

▶組み方

▶体さばき「前回りさばき」

　技をかけたり相手の技を防ぐために，自分の体の位置や向きを変える動作を「体さばき」といいます。「前回りさばき」は，片足を前方に出して相手の体の前に回り込み，相手に対し後ろ向きになります。

▶**受け身**

相手の技を受けて倒れたとき，頭や体を強く打たないように，衝撃を抑えるための姿勢です。しっかり手で畳をたたき，あごを引いて頭を打たないようにしましょう。

①ゆりかご

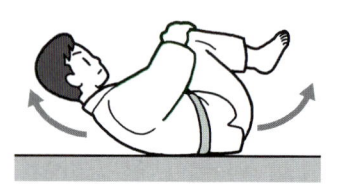

あごを引いて，頭を畳につけないで背中で前後に体をゆする。頭を畳につけないことを意識する。

②後方受け身

立った姿勢から，手を前に伸ばしてひざを曲げ，後ろに倒れる。その際，手で畳をたたいて，「ゆりかご」の姿勢と同じように，頭を畳につけないようにする。

③寝返り（横転）

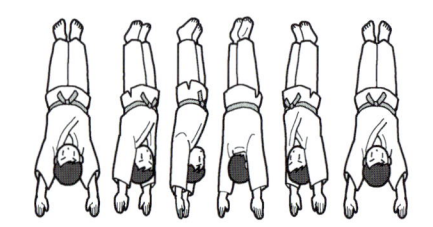

両手をのばし，頭を畳につけないようにして横転する。

④寝返り（左右90度まで）

横転を左右90度までの回転で止めて繰り返す。頭を畳につけないようにする。

⑤寝返りからの横受け身

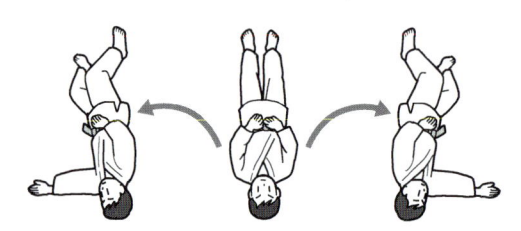

1．あおむけになった姿勢のときに両手を帯の結び目に置く。
2．横向きになったときに，両足で畳を打つ。
3．横向きになったときに下になる手で畳を打つ。
1～3の1つ1つの動作を練習し，最後に全部通して行えるようにする。そのとき頭を畳につけないようにする。

⑥四つんばいからの横受け身

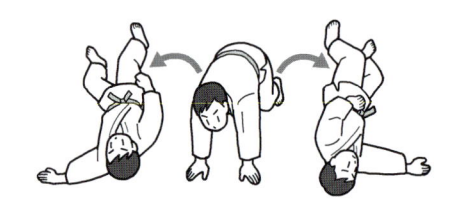

四つんばいの形から横転して，足と手で畳を打つ。

⑦前回り両手受け身

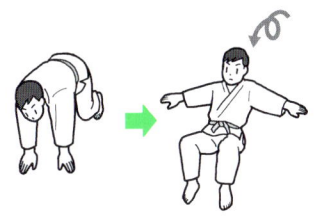

四つんばいの姿勢から前転し，両手両足で畳を打つ。
上体を起こしすぎないようにする。（肩を浮かせない）

▶投げ技「体落とし」〜前回りさばき〜
　引き手は，最後まで相手の袖を握っています。

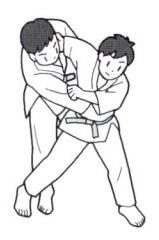

（2）相撲

　まわしをしめて，1対1で土俵の上で組み合い，相手を倒したり土俵から出すことを競います。立会い（試合の始まり）の合図はなく，お互いに呼吸を合わせて始めます。

　相撲には，観客にみせるためにプロの力士が行う大相撲と，それ以外のアマチュア相撲があります。日本相撲協会のホームページでは，プロの力士が行う大相撲の番付や相撲の歴史などを知ることができます。

こんな練習をしてみよう

▶四股（しこ）

上体をまっすぐにし，両足を開いて膝を曲げ，手は膝にそえる。足を左右かわるがわる高く上げ，力を入れて踏む。

　四股は，体のバランスを整え，内ももの筋肉をのばし，股関節の柔らかさを高めます。毎日の健康法として行っている人もいます。

▶ 調体（てっぽう）

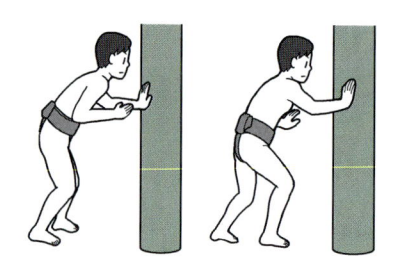

すり足で右足を出すと同時に右手を出し，かべや柱を強く押す動作を左右交互に行います。

▶ 押してみよう

相手を押すことが，相撲の基本です。上級者に受け手になってもらい，受け手の胸に頭をつけ，体を少し前に倒し，ひじを体の前に置きます。押す力をまっすぐ受け手に伝え，腰をわった姿勢のまま受け手を押し上げ，自分の腰を運ぶように，すり足で前へ進みます。構えを崩さないようにして進むようにします。

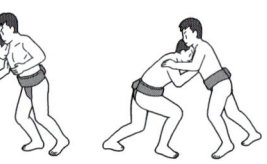

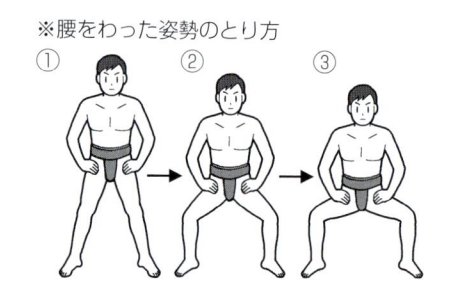

※腰をわった姿勢のとり方
① ② ③

（3）剣道

剣道は，わが国古来の剣術の稽古で，竹刀を使ったことから考え出されたスポーツです。剣道着と袴を着用し，防具（垂，胴，面，小手）を着けます。そして，竹刀を使い，相手の体の決められた場所（右図）を打突して勝敗を決めます。技を決めた後の態度（残心）も判定に入ります。

正面
右面　左面　右小手　左小手
突き
右胴　胸付
右小手　左胴

> **こんな練習をしてみよう**　―防具を着けなくてもできる練習―

▶ 中段の構え（大切な基本の構え）

① 相手の目を見る。
② わきを軽くしめる。
③ 右手は軽く握り，左手はしっかり柄尻（竹刀の下側）を握る。
④ 左足のかかとを少し浮かせ，体重を両方の足先にかける。
⑤ 剣先を，相手ののど元へ向ける。

▶ すぶり

① 中段の構えをする。
② 竹刀を振り上げてまっすぐ下ろす。

中段の構えから　　右足を出し　　左足を引きつける

　すぶりは，振り下ろしたときに大きく息を吐くことや，全身運動であることから，毎日の健康法としても取り入れられています。竹刀がなくても，長い棒があれば行えます。

7 ダンス

■ くらしとダンス

ダンスは人間の生活と深いかかわりがあります。古くから儀式やお祭りの中で踊りが踊られてきました。

今ではバレエ，日本舞踊，ヒップホップ，ジャズダンス，フラダンスなど日本や世界のいろいろな踊りを見たり，踊ったりして楽しむことができます。

日本には，それぞれの地域で親しまれている民踊という踊りがあります。ソーラン節(北海道)，花笠音頭(山形県)，阿波踊り(徳島県)，よさこい鳴子踊り(高知県)，エイサー(沖縄県)などは，全国にも広がり地域を越えて踊られています。

自分で考えて自由にのびのびとダンスを踊ったり，見たりすることはとても楽しいことです。

ダンスを楽しもう

好きな音楽に合わせてダンスを踊ると楽しくなります。踊ることは運動です。体力づくりやシェイプアップにもつながります。

踊っていると体がほぐれ，リラックスします。ストレスの発散にもなります。

ダンスは友達と一緒に楽しむことができます。1人で踊るダンスもありますが，集団で踊るダンスも多くあります。友達と一緒に踊りを考え，練習し，発表会やお祭りなどで発表することは，とても楽しいものです。

（1）創作ダンス

■ 生き物や，食べ物，乗り物などの表現

いろいろな物を体で表してみましょう。

生き物の動き

さる　　　ライオン　　　忍者

道具を使って　　　ペアで

太鼓をたたく　（新聞紙を持って）船をこぐ　　太陽　　ナイフとフォーク　　扇風機

■ リズムに乗って，いろいろなステップで

歩く，スキップ，ジャンプ，回る，のびる，縮むなどの動きをして，踊ってみましょう。

サイドステップ　　　ボックスステップ

①右足を横に出して左足をそろえる。
②左足を横に出して右足をそろえる。

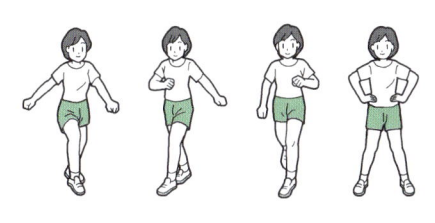

①右足を左前に1歩出す。
②左足を右足にかける。
③右足を1歩後ろに置く。
④左足を右足の横に置く。

回る

①右足を前に足を交差する。
②左側に回る。腕を勢いよく振るとその力で速く回ることができる。

63

(2) フォークダンス

　体育や運動会，学校行事などでよく行われている外国のフォークダンスは，簡単な振りつけのものもあり，だれにでも踊ることのできるダンスです。

　フォークダンスは，組み方や隊形(並び方)，ステップなどの踊り方がそれぞれの音楽によって決まっています。踊り方を覚えて，友達と一緒に踊ってみましょう。間違えることを気にすることなく気軽に踊り，交流を楽しみましょう。

組み方

バルソビアナ・ポジション 　　　プロムナード・ポジション

隊形（並び方）

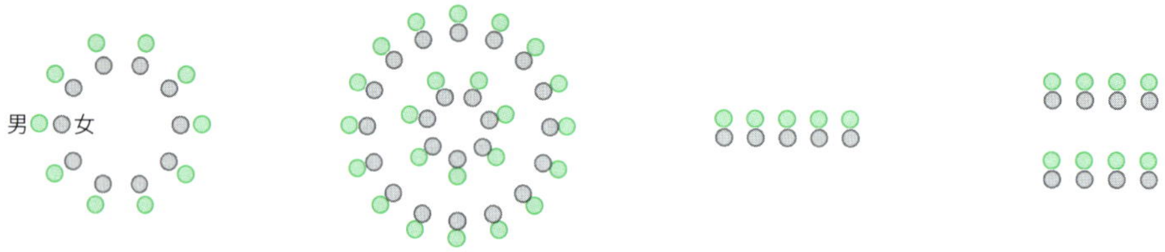

男●○女

ステップ

　ウォーキングステップ(歩く)，ランニングステップ(軽いかけ足)，ツーステップ，ホップステップなど，いろいろなステップがあります。

■ ジェンカ（フィンランド）を踊ってみよう

①右足を右斜め前に出してもどす。2回繰り返す。

②左足を左斜め前に出してもどす。2回繰り返す。

③前へ1歩ジャンプして進む。

④後へ1歩ジャンプしてもどる。

⑤前へ3歩ジャンプして進む。

＊1列の隊形になり，①〜⑤を繰り返す。

●チャレンジ 　―日本の民踊（よさこい鳴子踊り）―

　よさこい鳴子踊りは，高知県の民踊の1つです。「鳴子」を使って踊るのが特徴です。「よさこい」を取り入れた踊りは全国各地で踊られています。ポーズやいろいろなステップを考えたり，組み合わせたり，また隊形（並び方）を工夫したりして自分たちの踊りをつくってみましょう。

鳴子の持ち方

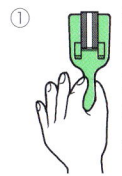

① 親指と人差し指ではさんで持ちます。中指，薬指，小指は軽くそえます。

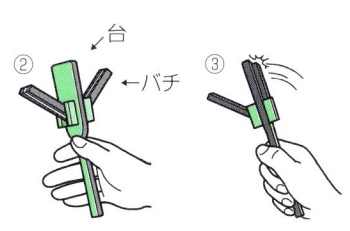

② ←台　←バチ

③ 中指，薬指，小指をぎゅっとにぎる。バチが台に当たって音が強く出る。

鳴子は，和製カスタネットともいわれています。振ると「カチャカチャ」と音が出ます。振るだけでなく，力強く鳴らして音のちがいを感じてみましょう。

踊り方の例

足はサイドステップで，両手を開いたり閉じたりする。　　太鼓をたたく。

両手を上げ振りながら，足はボックスステップをする。

右足を前に出し，手を上に上げながら回る。

最後は決めのポーズ!!

踊りができたら発表してみましょう。

8 ウインタースポーツ, アウトドア, アダプテッド・スポーツ

■ くらしとさまざまなスポーツ

　これまでいろいろな運動を取り上げ，その内容や練習方法などを見てきました。運動やスポーツには，勝敗を競い合うもの（球技，武道など），記録や技に挑戦してそれを達成するもの（陸上運動，水泳，器械運動など），体で題材を表現するもの（ダンスなど）などがあります。

　ここでは，自然の中で自然環境に挑戦したり，親しんだりするものとして，スキーやスノーボード，スケートなどのウインタースポーツ，登山やトレッキング，キャンピングなどのアウトドアを紹介します。

　また，最近では障害のあるなしや年齢，性別にかかわらず参加できるスポーツ（以下，アダプテッド・スポーツ）が注目されています。そうしたスポーツ種目の代表例として，ここではボッチャ，フライングディスクを取り上げます。

(1) ウインタースポーツ

■ スキー

　スキーは，専用の板を足につけて，雪の上を滑らせて歩く，走る，斜面を滑り降りるスポーツです。競技として行う場合には，アルペンスキーやフリースタイルスキー，ノルディックスキーがあります。冬に雪山のゲレンデで行われるスキーが一般的です。

スキー

■ スノーボード

　スノーボードは，一枚の板（ボード）の上に両足を斜めまたは横向きに置き，雪の斜面を滑り降りるスポーツです。スキーと同様にアルペン，フリースタ

スノーボード

イルといった競技があります。

▶ **スキーやスノーボードで使う道具**

　スキーやスノーボードは，次のような用具を使います。

・スキー板，スノーボード，ストック，ブーツ，ゴーグル，スキーウェア，スキーグローブ，帽子(ヘルメット)など。

　スキーやスノーボードで使う道具は，料金を払うとスキー場で借りることもできます。利用する際には，あらかじめ直接スキー場に問い合わせてみましょう。

▶ **スキーやスノーボードを行う際の留意点**

　スキーやスノーボードで雪の斜面を滑り降りるのは大変気持ちがよいものです。一方で，急な斜面で転ぶ，ほかの人や立ち木などに衝突するといった事故が起こりやすいともいわれています。次のことに十分注意して行いましょう。

・**服装について**

　雪上で行うために，防寒や蒸れ，日焼けなどを防ぐために，服装については万全の準備が必要です。特にスノーボードでは，転倒時に頭を打つことがあるので，ヘルメットをかぶることが勧められています。また，ゴーグルは目のけがだけではなく，雪焼けを防ぐ役割があるので必ず着用しましょう。

・**天候について**

　吹雪の日，霧が出ているときは自分の近くしか見えなくなるので，滑り降りる方向を間違いやすくなります。衝突事故にもつながりやすくなるので天候の悪いときは滑らないようにしましょう。快晴のときは雪面からの反射による日焼け，やけどが起こりやすくなります。日焼け止めの処置をしっかり行うことで防ぐことができます。

・**練習方法について**

　スキーやスノーボードを初めて行うときには，上手な人に教えてもらうかスキー場のスクールに入って，用具の操作に慣れるようにしましょう。また止まる練習を十分に行い，いつでも止まれるようにしましょう。

・斜面の選び方

　自分に合った斜面を選ぶようにしましょう。各スキー場にはリフト券売り場などにパンフレットが置いてあります。初級者用，中級者用，上級者用と斜面の難しさや易しさが示されていますので参考にしましょう。

・スキー（スノーボード）保険について

　スキーやスノーボードでは自分のけがだけではなく，衝突によって相手にけがをさせてしまうことがあります。スキーやスノーボード用品が壊れたり，盗まれたりすることもあります。こうしたけがや盗難に備えて，保険が用意されています。

■ クロスカントリースキー

　雪が積もった野山をスキーで歩くスポーツです。自然に親しみながらゆっくり散歩をするような楽しみ方もあれば，競技スポーツとしての楽しみ方もあります。斜面を滑り降りるスキーとは違い，平らなところを進むための工夫がされたスキー板を使います。

■ スノーシューイング

　スノーシューという専用の靴を履いて，雪道を歩いたり，スポーツやレクリエーションをしたりします。ネイチャーウオッチングといって，自然に親しんだり，動物を探したりする楽しみ方もあります。最近は走りやすいスノーシューが開発され，スノーシューレースという大会も行われています。

スノーシュー

■ アイススケート

　アイススケートとは，スケートリンクという氷を張った面の上を，刃のついた靴で，刃の先を氷に当てて滑るスポーツです。フィギュアスケートやスピードスケート，アイスホッケーといった競技があります。

　そのほか，氷上で行われる冬のスポーツにカーリングがあります。目標とする円にめがけてストーン（円盤型の石に取っ手をつけたもの）を

滑らせ，得点を競うものです。

(2) アウトドア（野外活動）

屋外で行うスポーツやレジャーのことをアウトドアといいます。日本では野外活動ともいわれ，代表的なものに，登山やトレッキング，キャンプなどがあります。

■ 登山・トレッキング

最近では若い人のあいだでも，山の頂上をめざして歩く登山や，山の中を歩くことを目的としたトレッキングを楽しむ人が増えてきました。また，山道を走ることはトレイルランニングといいます。

トレッキング

■ キャンプ

野外で宿泊することをキャンプといいます。テントを張って寝泊りすることが一般的です。最近では，水道やトイレなどが整備されているキャンプ場が増えており，そこで料理もして過ごします。

キャンプ

■ アウトドアを行う際の留意点

自然の中で行うアウトドアはとても楽しいものですが，野外での活動にはさまざまな危険もひそんでいます。安全で快適なアウトドアを楽しむために，次のことに注意しましょう。

・1人ではなく，必ず大人と一緒に行う。
・他人に迷惑になる行為はしない。
・気温や水温などに常に注意し，天候が悪いときは活動をやめる。
・自分の出したゴミは必ず持ち帰る。
・自然の動植物にむやみにさわったり，採ったり，食べたりしない。
・服装は長袖，長ズボンを着るようにする。直射日光を避けるために必ず帽子をかぶる。着替えやタオルなどを持っていく。

- 前日は夜更かしなどをせず，万全な体調でのぞむ。活動中は水分補給を心がける。
- 立ち入り禁止の場所には入らないようにする。

(3) アダプテッド・スポーツ

■ ボッチャ

　ボッチャは，赤または青色の皮製ボールを投げたり，転がしたり，他のボールに当てたりして，ジャックボール(目標球)と呼ばれる白いボールにどれだけ近づけることができるかを競うゲームです。ボールを投げる(転がす)ときには手や足を使いますが，ボールを投げることができない場合は，ランプスと呼ばれる補助具を使うこともできます。個人戦，2対2のペア対抗戦，3対3の団体戦があります。大会では正式なルールで行われますが，レクリエーションとして行う場合には，床面に置いたフラフープや，点数が書かれたシートを目標にしてボールを投げ，得点を競い合うこともできます。

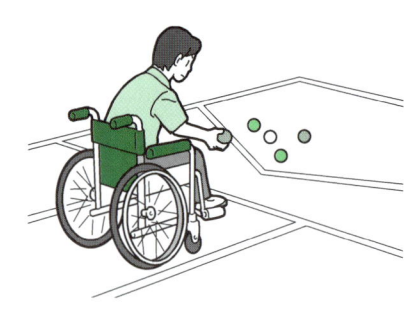

■ フライングディスク

　フライングディスクは，プラスチックでできた円盤を手で勢いよく回し投げ，受け取るというスポーツです。上手に回転させると，揚力(上に浮き上がる力)がはたらき，より遠くに投げることができます。

　フライングディスクには，さまざまな種類がありますが，障害のある人でも行いやすいように，ルールや用具に工夫を加え，たくさんの人が楽しめるようになっています。

　全国障害者スポーツ大会で正式種目になっているフライングディスク競技には「アキュラシー」と「ディスタンス」の2種類があります。アキュラシーは，正確性を競う競技で，「アキュラシーゴール」めがけてディスクを10回投げ，何投入ったかを競います。ディスタンスは投げたディスクの距離を競う競技です。3回投げてどれだけ遠くに投げられるかを競います。

第2章

保健
ほけん

1. 心と体の健康
けんこう
2. 病気にならないために
3. けがをしないために
4. 病気になったとき・けがをしたとき
5. 大切な体

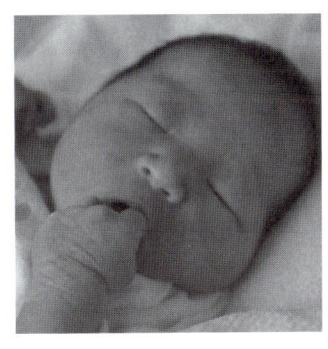

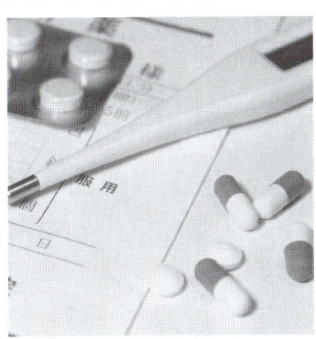

　保健では，心と体の健康や安全について学習します。私たちの体は，どのように発育・発達してきたのでしょうか。その体にはどのようなはたらきがあり，心のはたらきとどのように関連しているのでしょうか。また，病気の予防やけがの防止のためには，休養をとったり，予防接種や健康診断をすすんで受けたり，危険なことを理解しておくことが必要です。社会で豊かにくらすために，これらについて学習すると共に，社会人としての身だしなみや服装，態度などについても考えてみましょう。

　社会人になれば，異性との交際や職場の人間関係など学校とはちがう環境で過ごすことになります。その場にふさわしい行動がとれるようにしていきましょう。

1 心と体の健康

(1) 体の発育・発達

　私たちは，母親のお腹の中で約290日，大切に育てられ生まれてきます。生まれてきた日を誕生日といい，生年月日で表します。

　生まれたばかりの赤ちゃんの身長は約50cm，体重は約3000gです。

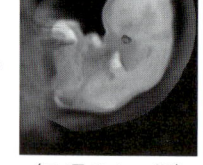

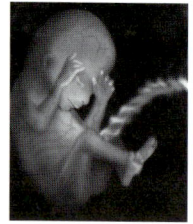

（7週のたい児）　（16週のたい児）

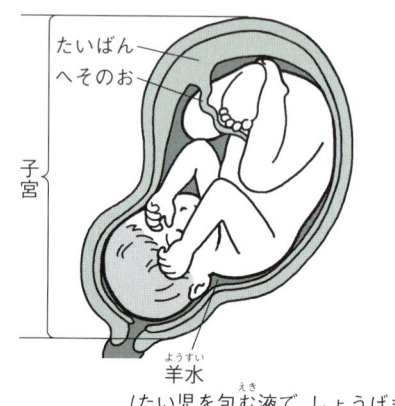

たいばん
へそのお
子宮
羊水
（たい児を包む液で，しょうげきなどから子を守る。）

家族に聞いてみよう

①生年月日と生まれた時刻
　平成　　　年　　　月　　　日
　　　（　　　時　　　分）

②生まれたときの
　身長（　　　cm）　体重（　　　g）

　私たちは，生まれてからずいぶん大きくなりました。

　身長や体重は，大きく変化するときもあれば，変化が少ないときもあります。身長がのびるときには，骨や筋肉も大きくなるので，自然に体重も増えます。大人になるまでに，急に発育する「発育急進期」が2回あります。「第1発育急進期」が赤ちゃんのころで，「第2発育急進期」は，小学校高学年から高校生の思春期のころです。「第2発育急進期」（思春期）は，女子の方

……身長や体重の発育の仕方……

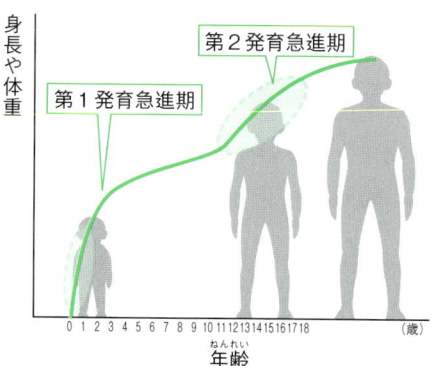

身長や体重
第1発育急進期
第2発育急進期
0 1 2 3 4 5 6 7 8 9 10 11 12 13 14 15 16 17 18 （歳）
年齢

発育とは　大きさや重さが増すことで，**発達とは**，はたらきが高まることです。

が男子より早くきます。

　発育には個人差があります。早く大きくなる人もいれば，後から大きくなる人もいます。ほかの人と発育の仕方がちがっていても心配することはありません。

　私たちの体には，生きるために必要ないろいろな器官があります。これらは，同じ時期に同じように発育・発達するわけではありません。

① 脳や脊髄の神経は，体の要なので，早くから発育します。
② 病気にならないように体を守る胸腺やへんとうなどのリンパ器官も早くから発育し，思春期には大人以上になります。
③ 心臓・肺・骨・筋肉は，身長や体重と同じように，赤ちゃんのころと思春期に急速に発育します。
④ 女子の卵巣や男子の精巣は，思春期に急速に発育します。

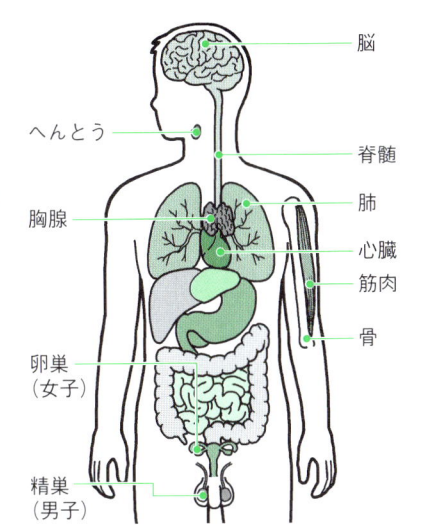

　毎日，規則正しい生活をし，バランスのとれた食事をすること，適度な運動や学習，仕事などの活動をすること，十分な睡眠や休養をとることが，よい発育につながります。

あなたの生活の様子をチェックしよう
※当てはまる項目の□に✓を書こう

1	つかれたときは休むようにしている。	□
2	睡眠は8時間くらいで，早寝，早起きをしている。 寝る時刻(　　：　　)　起きる時刻(　　：　　)	□
3	朝ごはんをぬかず，ちょうどよい量を必ず食べている。	□
4	好き嫌いせず，なんでも食べるようにしている。	□
5	毎日，歩く，走るなど，決めた運動をするようにしている。	□
6	よく体を動かすようにしている。	□

自分の体を知っておこう　（　　年　　月　　日調べ）

身　長	cm	胸囲（バスト）	cm
体　重	kg	胴囲（ウエスト）	cm
平　熱	℃	シャツのサイズ	S・M・L・LL・O
血液型		足の大きさ	cm

（2）体の各部のはたらき

骨・関節と筋肉

　私たちの体には，いろいろな形や大きさのかたい骨があり，体を支えたり，体の中にある柔らかい器官を守ったりしています。骨と骨は，関節でつながっています。体の曲げられるところが関節です。関節の周りには，筋肉がついています。私たちは，骨についている筋肉を縮めたり，ゆるめたりして体を動かしています。

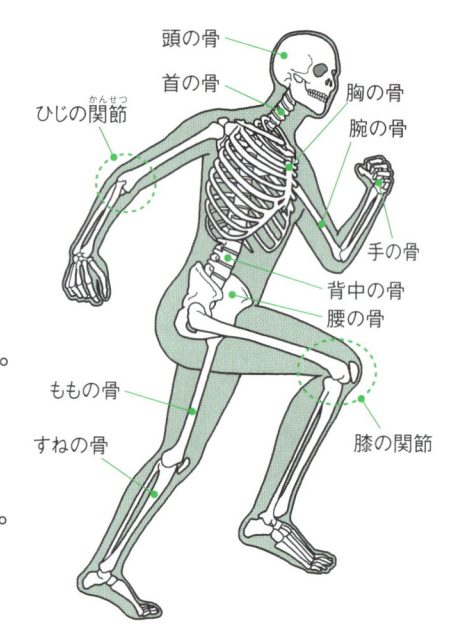

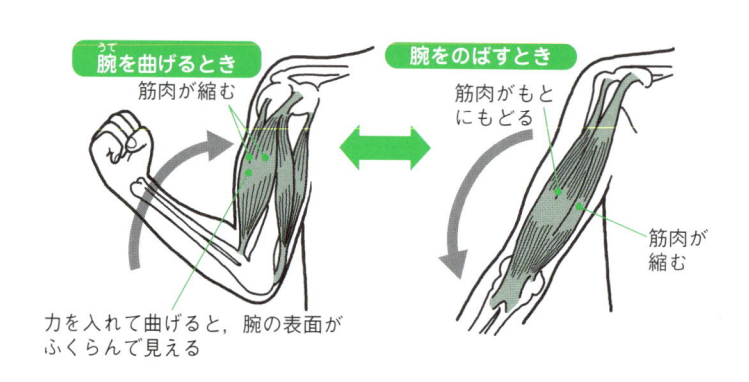

骨格図ラベル：頭の骨／首の骨／胸の骨／腕の骨／ひじの関節／手の骨／背中の骨／腰の骨／ももの骨／すねの骨／膝の関節

腕を曲げるとき：筋肉が縮む／力を入れて曲げると，腕の表面がふくらんで見える

腕をのばすとき：筋肉がもとにもどる／筋肉が縮む

たしかめてみよう

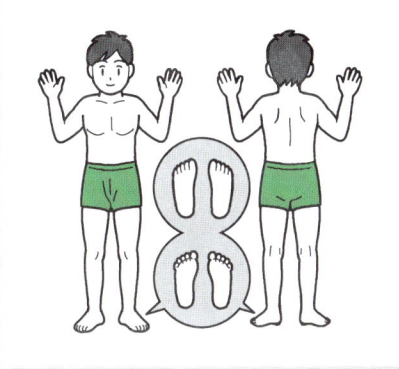

1〜35は、体のどの部分かな？

1頭　2まゆ　3目　4鼻　5口　6耳
7あご　8ほお　9肩　10胸　11へそ
12ひじ　13わき　14腹　15膝　16また
17太もも　18すね　19くるぶし　20かかと
21足首　22つま先　23手の甲　24手のひら
25手首　26親指　27人差し指
28中指　29薬指　30小指　31足裏
32足の甲　33背中　34尻　35後頭部

呼吸

　私たちは、鼻や口から空気を吸ったり、吐いたりして息をしています。
　空気は、ちっ素、酸素、二酸化炭素などが混じり合ったものです。
　生きていくために必要な酸素を空気から肺へ取り入れ、体の中のいらなくなった二酸化炭素を出すはたらきを呼吸といいます。体内では酸素や二酸化炭素は、血液によって運ばれています。
　肺が発育すると肺活量が増え、呼吸数は減ります。

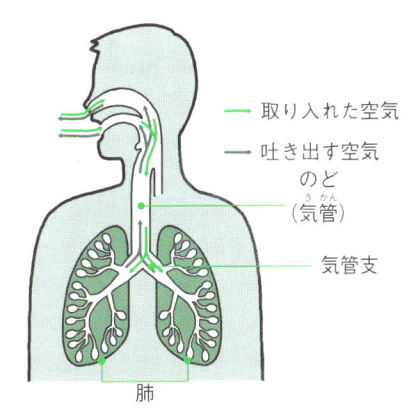

人の呼吸は鼻、のど、気管支、肺などの呼吸器官で行われる。

食べ物の消化と吸収

　食べ物は、口から食道を通って胃・小腸・大腸へと運ばれていきます。口・胃・小腸では、消化液によって、食べ物が消化されます。そして小腸では、水分や養分が吸い取られ、大腸では、水分だけが吸い取られ、残ったものは便となって肛門から出ます。
　小腸から吸い取られた養分は、肝臓に運ばれてから、血液によって全身に運ばれます。あまった養分は、肝臓に蓄えられます。
　腎臓は、血液の中からいらない物をとり、あまった水分と合わせて尿

(75)

をつくります。

心臓と血液の循環

　血液は、心臓のはたらきで体の中をめぐり、心臓へもどってきます。心臓は、筋肉でできていて、縮んだりゆるんだり(拍動)して、血液を送り出しています。

　手首の血管に指を当てると、ドクンドクンという動きを感じます。これは、拍動によって送り出された血液の流れで、脈拍といいます。心臓が発育すると一度に心臓から送り出せる血液量(拍出量)が増え、脈拍は減ります。成人の脈拍の数は、1分間におよそ60〜100回です。

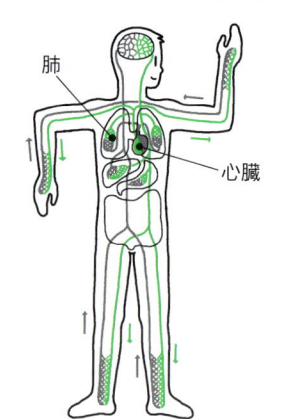

(3) 心の発達と健康

心のはたらき

　感じたり(感情)、考えたり(思考力)、人とかかわっていく(社会性)という心のはたらきは、頭の中にある脳の大脳のはたらきです。

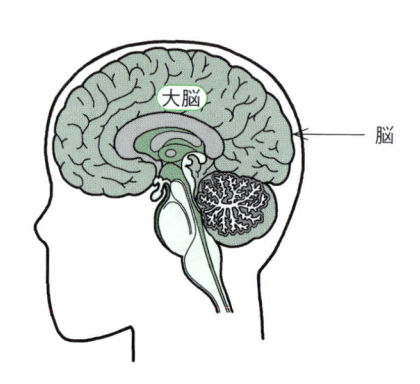

心のはたらき＝大脳のはたらき

感情

プラスの感情	マイナスの感情
うれしい	悲しい
好き	嫌い
楽しい	さびしい

などの気持ち

思考力

・知る
・覚える
・考える
・判断する

などの力

社会性

・ルールを守る
・責任を果たす
・みんなと協力する
（友達と仲良くする）

など、社会生活のなかで生きていくために必要な態度

心の発達

心は、自然体験、スポーツ、読書、多くの人とのかかわりなどのさまざまな経験や学習の影響を受けながら大脳の発達とともに発達するのです。小さいころに比べると、私たちの心は、どのように変わってきたでしょうか。気づいたことを書いてみましょう。

感情	プラスの感情	マイナスの感情
思考力		
社会性	・どんなルールを守っている？ ・責任をもって行っていることは？ ・みんなと協力して行っていることは？	

心と体のつながり

心と体のいろいろな部分が，影響し合って，私たちは生きています。心のはたらきは，脳の中にある大脳で営まれています。

脳と体は，神経（しんけい）でつながっています。神経は，脳の命令（めいれい）を体に伝えたり，体の情報（じょうほう）を脳へ伝えたりしているのです。

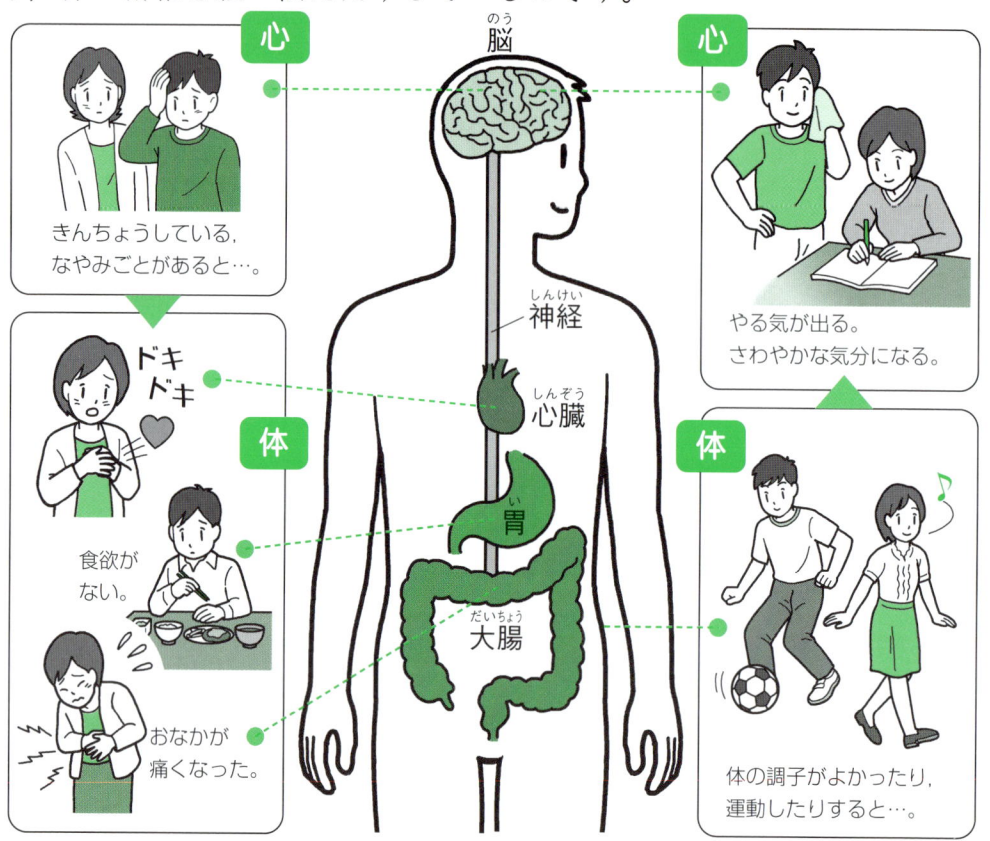

心　きんちょうしている，なやみごとがあると…。

体　ドキドキ／食欲がない。／おなかが痛くなった。

脳（のう）／神経（しんけい）／心臓（しんぞう）／胃（い）／大腸（だいちょう）

心　やる気が出る。さわやかな気分になる。

体　体の調子がよかったり，運動したりすると…。

考えてみよう

心と体のかかわりを表した言葉を集めてみましょう。

（例）

・頭をかかえる	・
・目を丸くする	・
・口をとがらせる	・
・肩（かた）を落とす	・

2 病気にならないために

私たちは,健康にくらしたいと願っています。そのためには,病気にならないように予防することが大切です。
ここでは,病気の種類と予防について考えましょう。

(1) 主な病気の種類と予防

> 感染症

感染症は,病原体(細菌・ウイルス)が空気や食べ物などによって体の中に入って起こる病気のことで,かぜ,インフルエンザ,食中毒,はしか,結核などがあります。

しかし,病原体が体に入ると必ず病気になるわけではありません。

感染症は,
・病原体(細菌・ウイルス)が体に入る。
・体の抵抗力が弱まっている。
・生活の仕方がよくない。
・環境の変化に体を合わせられない。
などが,かかわり合って起こります。

感染症を予防するためには,右の①②③に気をつけて過ごすことが大切です。

①病原体の発生源を封じる。
日光,熱湯,薬品などで消毒する。

②病原体が運ばれる道すじを断ち切る。
清潔にする。　しゃ断する。　人ごみをさける。

③体の抵抗力を高める。
予防接種　休養・睡眠　栄養・体力

> **調べてみよう**
>
> 感染力が強いO157やノロウイルス，冬に大流行するインフルエンザの予防の仕方を話し合ってみましょう。
>
> | O157やノロウイルスの予防 | インフルエンザの予防 |
> |---|---|
> | | |

生活習慣病

生活習慣病は，生活習慣（生活の仕方）がもとになって起こります。代表的な病気として次のようなものがあります。

心臓病（狭心症，心筋こうそくなど），高血圧，貧血，糖尿病，脳卒中，脳出血，がん，むし歯，など

▶生活習慣病を防ぐには

① 肥満になることを防ぐ。

　食事…決まった時間に食事をし，食べ過ぎないようにしましょう。好き嫌いをしないようにしましょう。

　運動…毎日，適度な運動をしましょう。

②ストレス（心配事や強い恐怖・不安など）をためないようにする。

　ストレスを感じたらリラックスできるように，自分に合ったストレス解消法を身につけましょう。

③喫煙や過度の飲酒をしない。

　喫煙…肺がんなどの病気にかかりやすくなります。

> 毎日の生活習慣を見直すには，定期的（年に1回）に健康診断を受けて，自分の体の状態を知ることが大切です。異常があれば，検査結果をもとに医師と相談しましょう。

飲酒…過度の飲酒はかん臓病や高血圧やがんなどの病気にかかりやすくなります。

（2）食生活と健康

食事は，私たちが元気にはたらいたり，運動したりするために欠かせないものです。何をどのようにして，どれくらい食べているかによって，体の状態が決まってきます。生きていくために必要な体のエネルギーは，主に食事からつくられています。

■ バランスのとれた食事

食事バランスガイド

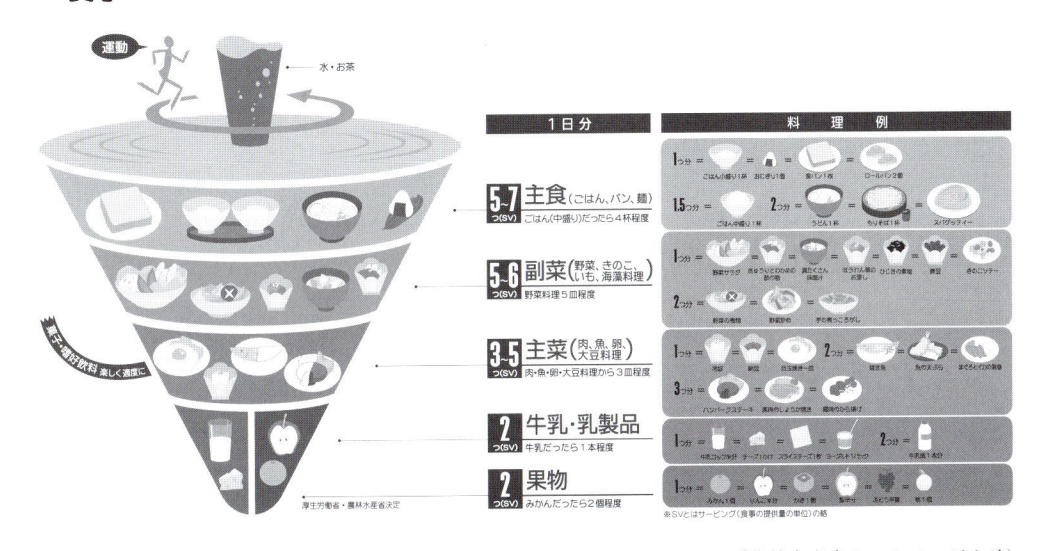

（農林水産省ホームページより）

食事では，栄養のバランスが大切です。食事のバランスについて考えるとき，「食事バランスガイド」が参考になります。「食事バランスガイド」で1日に「何を」「どれだけ」食べたらよいのかを知り，食事の望ましい組み合わせと，おおよその量について考えてみましょう。

また，外食のメニューや販売されているお弁当，パン，菓子などにはカロリー表示がされているものが多くあります。カロリーを確かめて食べる習慣をつけましょう。

成長発達曲線

人の一生は、「成長期」「発展期」「老化期」の3つに分けて考えることができます。

このうち「成長・発展期」は、体が発育・発達し、活動量が増加することから食事から多くのエネルギーをとる必要があります。また適度な運動と睡眠も健やかな成長に欠かせません。「老化期」に入ると、「運動」「食事」「睡眠」のバランスが崩れることにより、病気になったり老化がほかの人より早く進んでしまったりします。

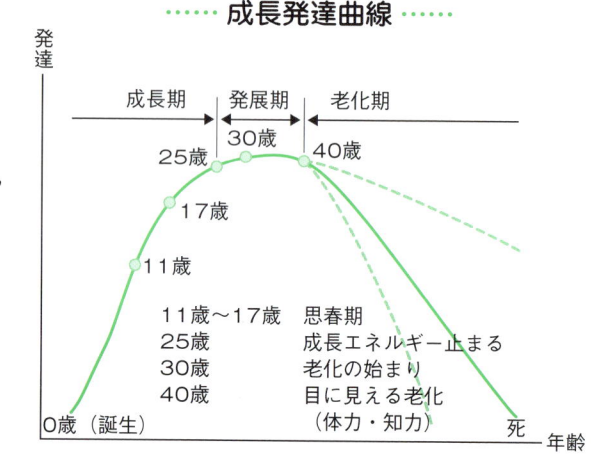

食事をきちんととることは、栄養をとるだけでなく、生活リズムをつくり、「やってみよう」という意欲を高め、さまざまなことを経験することにつながります。食事をきちんととることは、健康で豊かな生活を送るために大切なことです。

成長発達曲線

- 成長期 / 発展期 / 老化期
- 0歳（誕生）
- 11歳
- 17歳
- 25歳
- 30歳
- 40歳
- 死

- 11歳～17歳　思春期
- 25歳　成長エネルギー止まる
- 30歳　老化の始まり
- 40歳　目に見える老化（体力・知力）

（3）運動と健康

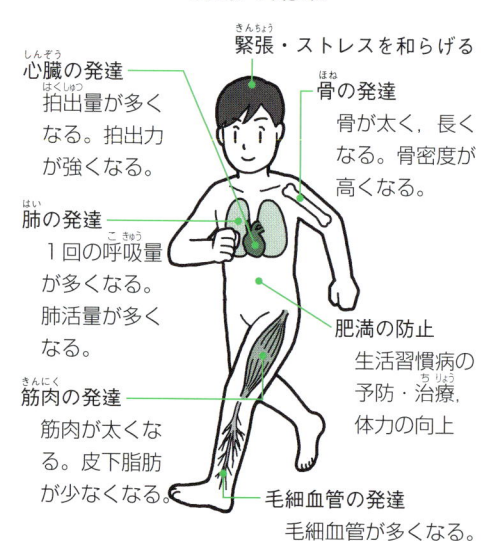

運動は、体の各器官を発達・発育させ、そのはたらきを高める効果があります。

また、運動することによって、気分転換ができたり、ストレスを和らげたりする精神的な効果もあります。

しかし、私たちのくらしは、昔のくらしに比べてずいぶん便利になり、体を動かすことが大変少なくなりました。運動の不足は、体力の低下や、

運動の効果

- 緊張・ストレスを和らげる
- 心臓の発達　拍出量が多くなる。拍出力が強くなる。
- 骨の発達　骨が太く、長くなる。骨密度が高くなる。
- 肺の発達　1回の呼吸量が多くなる。肺活量が多くなる。
- 筋肉の発達　筋肉が太くなる。皮下脂肪が少なくなる。
- 肥満の防止　生活習慣病の予防・治療、体力の向上
- 毛細血管の発達　毛細血管が多くなる。

病気になりやすい体をつくってしまいます。自分に合った運動の内容や量を覚えて、積極的に取り組みましょう。体への負担が強すぎる運動を行っても、体をいためるだけで効果はありません。運動のしすぎには注意しましょう。

「心臓・肺のはたらきを高める運動」「柔軟性を高める運動」「筋力を高める運動」など、いろいろな運動を組み合わせて行ってみましょう。

中学生・高校生の運動指針

	心臓・肺の働きを高める運動	柔軟性を高める運動	筋力を高める運動
運動の種類	ウォーキング、ジョギング、水泳、走動作をふくむスポーツ	ストレッチング	筋力トレーニング
強さ	ややきつい～かなりきつい	―	ややきつい
時間頻度	1日10～30分 週3日以上	1日5～30分	1日10～30分 週2日程度

心臓・肺のはたらきを高める運動　ジョギング　テニス　水泳

柔軟性を高める運動　ストレッチング

筋力を高める運動　ダンベル体操　腹筋運動　スクワット　腕立てふせ

じっと座って勉強しているだけでもお腹が空くのはなぜ？

私たちの脳には多くの細胞があり、勉強したり考えたりするときには、多くの栄養（ブドウ糖）を必要とします。また、それらを運ぶために血液もたくさん流れ、酸素をたくさん消費します。だから、じっと座っていてもお腹が空くのです。

「脳」が体全体に占める割合

細胞数	約3.5%
重さ	約2%
流れる血液の量	約20%
酸素消費量	約40%
ブドウ糖消費量	約20%

(4) 睡眠・休養と健康

睡眠

睡眠は、昼間の活動のつかれをとったりストレスを解消したりするだけでなく、体の手入れ（細胞を修復するなど体のメンテナンス）をする役割があります。また、体の成長のために必要な成長ホルモンなども睡眠中

に体の中に出て(分泌されて)いきます。つまり，健康を保ちながら意欲的に活動していくために睡眠はとても大切なのです。

調べてみよう

当てはまる項目の□に✓を入れよう。

項　目	チェック
寝つきはよいですか	□
夜中に目が覚めませんでしたか	□
朝すっきり起きられますか	□
睡眠時間は足りていますか	□
昼間眠たくなりませんか	□

よい眠りとは

睡眠には，だいたい90分ごとに浅い眠りと深い眠りを繰り返すリズムがあります。例えば，長い時間眠っても，浅い眠りだけでは十分につかれがとれず，体の手入れも進みません。深い眠りをしっかりとることが大切で，よい眠りといえます。

よい眠りをするためには，心も体もゆったりとした状態で眠りにつくことが大切です。そのためには，布団などの寝具，部屋の明るさなどに気をつけましょう。また，ぬるめのお風呂にゆったり入り，心も体もほぐしましょう。

昼間の活動からくる適度な体のつかれは，睡眠を十分にとるきっかけになります。

よい眠りのための「条件」

布団・枕	かたすぎず柔らかすぎず
音	ゆったりした音楽などもよい
温度	暑くなく，寒くなく
明るさ	ほんの少し明るくてもよい
時間	深夜0時前には眠る 1日7時間以上

休養のとり方

つかれたときは，しっかり休養をとる習慣をつけましょう。頑張りすぎて病気になってしまうより，早めに休養をとることが大切です。

そのためには自分の体や心の状態の変化に気づくことが大切です。そして，普段から自分の体の調子のよい状態と悪い状態を知り，体や心のバランスを保てるようにしましょう。

疲労の表れ方

自分で分かる疲労		ほかの人が見て分かる疲労	
精神的疲労	身体的疲労	精神的疲労	身体的疲労
●頭がぼんやりする。 ●考えがまとまらない。 ●いらいらする。 ●なかなか眠れない。 ●計算ちがいが多くなる。	●頭が重い。 ●体がだるい。 ●目がつかれる。 ●肩がこる。	●怒りっぽくなる。 ●無口になる。 ●落ちつきがなくなる。	●あくびが出る。 ●姿勢がくずれる。 ●動作がにぶくなる。

コラム

　テレビやゲーム機，携帯電話やスマートフォン，コンピューターなどを長い時間，同じ姿勢で使用しないように気をつけましょう。画面を見ている目にドライアイ（目の乾きやつかれ）の症状が現れたり，同じ姿勢で使っていると肩こりや腕・背中・腰が緊張してつかれが起こってきます。①画面に目を近づけすぎない。②長い時間続けない。③ときどき体を動かして，緊張をほぐす，などを心がけましょう。また，これらの機器からは電磁波が出ていて，睡眠に悪い影響があるともいわれています。夕食後には，使わないようにしましょう。

決めておこう！

機器	例	自分の使い方
テレビ	毎日1時間以内	
携帯電話やスマートフォン	連絡に必要なときだけ	
ゲーム機	土日だけ，1時間以内	
コンピューター	勉強や仕事に必要な時間だけ	

(5) 肥満への対応

生活習慣病の原因には，夜ふかしや不規則な食事，ストレスなどがあります。ここでは，その中でも特に大きな問題になる肥満について考えていきます。

肥満の原因

肥満の最大の原因は食べ過ぎです。食べ過ぎというのは，消費するエネルギーよりもたくさんのエネルギーをとり過ぎているということです。つまり，食べ過ぎと運動不足が重なって肥満になっているといえます。自分が肥満になっているかどうかは，BMIを計算してみるとおおよそのことが分かります。BMI（ボティマス指数）とは，肥満の度合いを表す1つの考え方で，次の計算で求められます。

> **生活習慣病の原因**
> 夜ふかし，短い睡眠時間，運動不足，不規則な食事，偏った食事，食べ過ぎ，飲み過ぎ，ストレスなど

BMI 指数 ＝ 体重(kg) ÷ {身長(m) × 身長(m)}

肥満度の判定基準

	BMI
低体重(やせ)	18.5未満
普通体重	18.5以上　25未満
肥満(1度)	25以上　30未満
肥満(2度)	30以上　35未満
肥満(3度)	35以上　40未満
肥満(4度)	40以上

（日本肥満学会 2000）

■ 調べてみよう

自分のBMIを計算してみましょう。

肥満にならないために

もし肥満だったとしても無理なダイエットなどを行うと，体をこわしてしまうことがあります。肥満を解消するためには，体力を落とさずに内臓のはたらきを活発にすることが大切です。肥満にならないために，以下のことに気をつけましょう。

・1日3回規則正しく食べ，食べ過ぎないようにする。
・栄養のバランスに気をつける。
・よくかんで，ゆっくり食べる。

- 夜食をしない。
- お菓子はひかえめにする。
- 毎日，20～30分程度の軽い運動をする。
- 定期的に体重を測る。
- 規則正しい生活をする。

(6) 歯の病気

　毎日歯みがきをしていてもむし歯や歯周病になることがあります。予防するには，どうすればよいのでしょうか。

　むし歯とは，歯の表面についたミュータンス菌が，歯などについた食べ物の栄養(糖質)を利用して歯こう(細菌のかたまり)をつくり，歯こうの中の細菌がつくった酸が，歯を溶かしていくものです。

　歯周病とは，歯と歯ぐきの間についた歯こうが増え，歯肉が赤くはれたり，出血したり，歯を支えているあごの骨を溶かしたりする歯の病気のことです。

　治療をしないと，歯がぬけてしまうこともあります。

むし歯のすすみ方
①ミュータンス菌が食べ物の中の糖分からねばねばした物質をつくる。
②細菌が増えて歯こうができる。
③歯こうの中の細菌が糖分を酸に変え，歯を溶かしてむし歯をつくる。
④むし歯が進むと，痛みが生じるようになる。悪化すると歯を失うこともある。

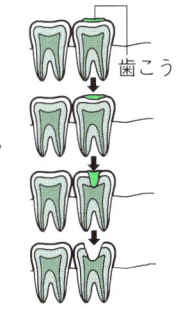

歯周病の進みかた

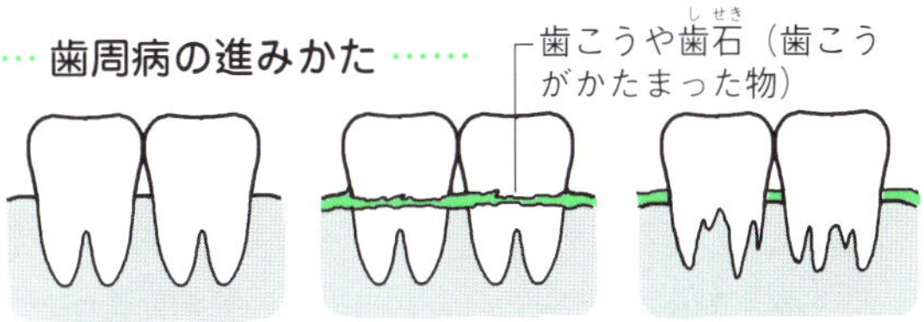

健康な歯ぐき　／　歯肉が赤くはれ，出血しやすくなる。　／　歯を支えている骨まで悪くなり，歯がぐらぐらになる。

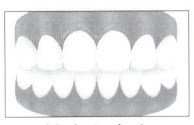

健康な歯肉 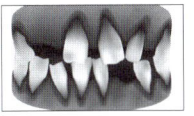　／　歯周病の歯肉

歯周病の症状

	健康な歯肉	歯周病の歯肉
色	うすいピンク色	赤色または赤むらさき色
感触	引きしまり，弾力がある。	はれて，ぶよぶよしている。
見た目	歯と歯の間に，しっかりと歯肉が入りこんでいる。	まるく厚みをもって，歯肉がはれている。
出血	歯みがきでは出血しない。	歯みがき程度の軽い刺激でも，出血しやすい。
かむ力	かたいものもしっかりかんで食べることができる。	かむ力が弱くなり，かたいものが食べられなくなる。

むし歯や歯周病の予防

食事……規則正しく食べ，栄養のバランスに気をつけましょう。甘い物のとりすぎに注意しましょう。

かむ……よくかむと唾液がしっかり出て口の中もきれいになります。よくかんで食べましょう。

歯みがき…食後や寝る前，おやつなど間食後には，かならず歯と歯肉をみがきましょう。また，うがいをして口の中をいつも清潔にするようにしましょう。

このほか，生活リズム，ストレスなども影響するので気をつけましょう。

> **8020（ハチマルニイマル）運動**
> "80歳になっても20本以上自分の歯を保とう"という運動です。自分の歯が20本以上あれば，ほとんどの食物をかみくだくことができ，おいしく食べられます。

（7）汗のしくみと処理

気温が高いときや，よく体を動かしたときには汗をかきます。その汗は，大きく三種類に分けられます。汗のはたらきについて知るとともに，汗をかいたときの処理について考えましょう。

……三種類の汗……

温熱性発汗	精神性発汗	味覚性発汗
・暑いときや，スポーツなどで体温調整のためにかく汗。 ・体全体からかく汗。	・緊張したときや，びっくりしたときにかく汗。 ・手のひらや，わきの下など。	・辛い物を食べたときなどに鼻や額にかく汗。 ・強い辛さや酸っぱさに対する反射。

▶**汗をかいたときは**

まず，そのままにしないで汗をふくようにしましょう。

汗をたくさんかくことで，体に必要な水分や塩分が失われます。健康に重大な影響が表れることがありますので，スポーツドリンクなどを飲んで，水分や塩分を補給するようにしましょう。

また，汗でぬれた衣服は着替えましょう。そのままだと冷えてかぜをひいたりすることがあります。シャワーを浴びて体を清潔にすることも大切です。

コラム

　私たちの体は，環境の変化に応じて体のさまざまな器官をはたらかせ，その変化に適応する能力をもっています。しかし，私たちの体は，どんな環境にでも適応できるわけではありません。

　とくに，熱中症には注意しましょう。熱中症は，高い気温，むしむし感じる高い湿度，風が少ないなどが重なり合って起こりやすくなります。また自分の体調とも関係しています。汗をふいてもどんどん出たり，めまいや立ちくらみ，こむら返りなどがあり，いつもとちがうと感じたら，すぐに近くにいる人に伝えましょう。がまんして運動などの活動を続けてはいけません。

熱中症予防の原則

- 環境条件に応じて運動する（下表を参照）。
- のどがかわいていなくても，こまめに水分（塩分をふくんだものが望ましい）をとる。
- 体を暑さに慣らす。
- できるだけうす着にし，直射日光は帽子でさける。
- 暑さに弱い人は特に注意する。

◆熱中症予防のための環境条件
（日本体育協会による）

WBGT (℃)	湿球温 (℃)	乾球温 (℃)	
31	27	35	運動は原則中止
28	24	31	厳重警戒（激しい運動は中止）
25	21	28	警戒（積極的に休息）
21	18	24	注意（積極的に水分補給）
			ほぼ安全（適宜水分補給）

（参考）日本体育協会「熱中症を防ごう」
http://www.japan-sports.or.jp/medicine/guidebook1/html

※WBGT（湿球黒球温度）は，体にかかる熱ストレスを，湿度，輻射熱，気温をもとに数値化したもの。WBGTを測定できない場合には，湿球温か乾球温を目安にする。

（8）体の調子を整える

■ 自律神経のはたらき

心（大脳）と体は強く影響し合っています。特に，自律神経は心（大脳）の影響を受けやすく，自律神経のはたらきが乱れると体の調子が悪くなったりします。

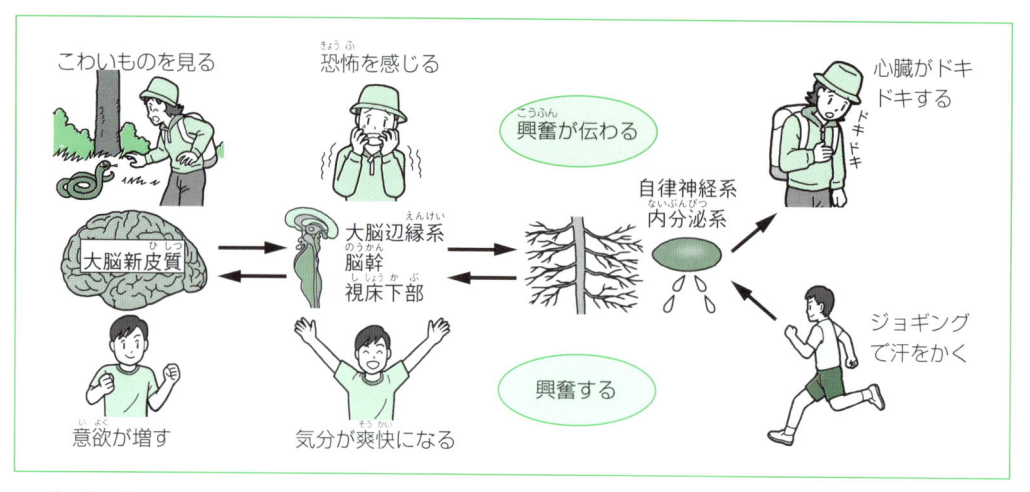

自律神経には，交感神経と副交感神経があります。

交感神経には，体を活発にするはたらき，副交感神経には，体を安静にするはたらきがあり，だいたいは正反対のはたらきをしています。

言い換えると，緊張とリラックスの関係です。

自律神経が乱れると

眠れないことやリラックスできないことが続くと，体の調子がくずれてきます。

気になることがあれば，受診したり，身近な大人に相談したりして，アドバイスをもらい体を整えるようにしましょう。

自律神経のはたらき

交感神経……体（筋肉）が緊張する，心臓がドキドキする，汗をかく，瞳（瞳孔）が拡大する，など

副交感神経…体（筋肉）がゆったりする，脈がゆっくりになる，消化（内臓の働き）が進む，など

■ 欲求やストレスへの対処

「～がしたい。」「～がほしい。」などの気持ちを欲求といいます。私たちは、だれでもさまざまな欲求をもってくらしています。そして、その欲求をみたそうとしています。生まれながらにもっている生理的欲求には、次のようなものがあります。

生理的な欲求の例（生まれたときからもっている。）

- 睡眠の欲求
- 食欲・かわきに対する欲求
- 安全への欲求（恐怖をさけたい、不安からにげたいなど。）

このほか、「周りの人に褒めてほしい」「認めてほしい」「仲間の中で活躍したい」という心理的・社会的欲求もあります。これらの欲求は、年齢とともに複雑に変化していきます。また、欲求には個人差があり、みな同じではありません。

心配ごとや強い恐怖・不安で心や体に負担がかかった状態をストレスといいます。物事が思い通りにいかないときや悩みがあるときは、頭やお腹が痛くなったり、落ち込んだ気持ちになります。そのようなことは、だれにでもあります。それらを「ストレス反応」といいます。

不安を軽くする方法はいろいろあります。自分に合ったストレスの対処の仕方を見つけることが大切です。

- 早寝・早起きをして、生活リズムを整える
- 体ほぐしをする
- 運動をする
- 相談する
- 呼吸法　鼻で吸って口で吐く
- 楽しいと感じること、好きなことをして気分転換をする

■ はたらくことと健康

　私たちは，学校を卒業すると社会に出てはたらきます。はたらくことによって賃金を得て，生活に必要なものや欲しい物を買うことができます。職場での自分の責任を果たそうとすることで，自立心や責任感も高まり，人間的にも成長します。

　しかし，はたらくことでストレスを感じることや体調を崩すこと，けがをすることもあります。これらは，気をつけていても避けられない場合もあります。そのため，職場には，はたらく人の安全や健康を守る義務が法律で定められています。

　私たちも「はたらくことと健康」の関係に関心をもち，職場の安全管理や環境の整備，体調を整えることに積極的に取り組みましょう。

■ 余暇の過ごし方

　自分が自由に使ってよい余暇の時間を上手に過ごすことは，ストレスを発散したり，心や体をリフレッシュしたりすることにつながります。

　これは，はたらくことにもよい影響をあたえます。余暇の過ごし方は，人それぞれでよいのです。自分の生活に応じて余暇の内容を選びましょう。

　また，日課表を作成し，健康な毎日を過ごすためにはどのような生活をしたらよいか考えてみましょう。

・今の生活を日課表に書いてみましょう。

0　1　2　3　4　5　6　7　8　9　10　11　12　13　14　15　16　17　18　19　20　21　22　23　24

・健康に過ごすために目標とする日課表を書いてみましょう。

0　1　2　3　4　5　6　7　8　9　10　11　12　13　14　15　16　17　18　19　20　21　22　23　24

（9）健康診断・予防接種

健康診断を受けましょう

　健康診断により，病気を早く見つけて治療につなげることや生活習慣を見直すことができます。学校では，主に保健室で，健康についての相談やけがの手当てをしてもらえます。また，定期的にいくつかの健診もあります。

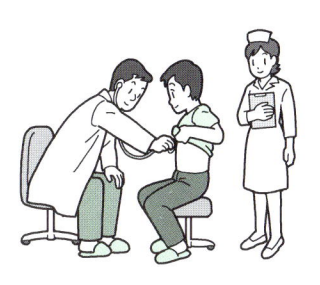

　はたらき始めても，職場や地域の健康診断をきちんと受けましょう。

　健康診断では，体格や体力，発育や栄養の状態，病気があるかないかを調べます。

予防接種を受けましょう

　病気にならないようにするためには，予防接種も効果があります。主な予防接種として，インフルエンザ，風疹（三日ばしか），麻疹，日本脳炎，結核（BCG）などがあります。近くの病院や，保健所などで受けることができます。

　予防接種は，毒性を弱めた病原体などを体の中に入れ，長期間の免疫をつくります。免疫ができると，その病原体に対して抵抗力をもつようになり，病気になりません。しかし，病気によって，予防接種の受け方には違いがあります。免疫が一生続く物もあれば，期間が限られる物などさまざまです。

　予防接種は免疫のしくみを応用しています。

免疫のしくみ

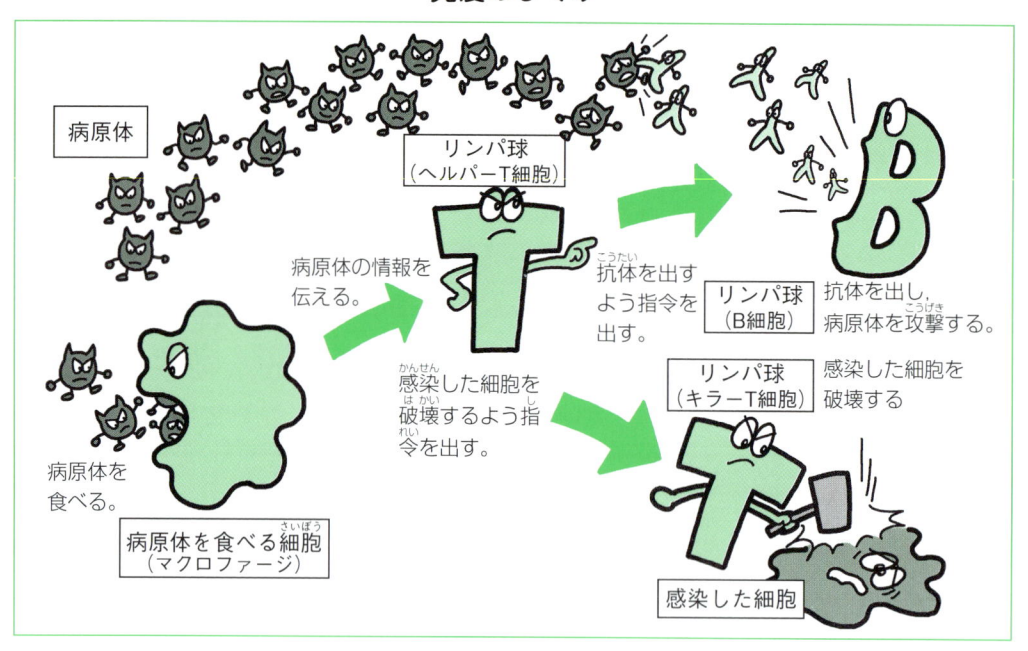

病原体

病原体を食べる。

病原体を食べる細胞
（マクロファージ）

病原体の情報を伝える。

リンパ球
（ヘルパーT細胞）

抗体を出すよう指令を出す。

感染した細胞を破壊するよう指令を出す。

リンパ球
（B細胞）

抗体を出し，病原体を攻撃する。

リンパ球
（キラーT細胞）

感染した細胞を破壊する

感染した細胞

3 けがをしないために

（1）主なけがの種類と予防

　中学生や高校生になると，体が大きく成長しますが，同時に活動量も増え，激しい運動をするようになります。そのため大きなけがをすることが多くなっていきます。また，学校生活ではいろいろな事故を起こしてけがをする危険性があります。

　実際に学校で起こった事故やけがの例をみていきましょう。

> ①事例1　高校1年生
> 　教室から体育館への移動中，男子生徒2名がふざけ合っており，階段をのぼってきたほかの生徒と接触した。その生徒は階段から転落し，頭を打ったためすぐに救急車で病院に運ばれた。
>
> ②事例2　高校2年生
> 　部活動のバスケットボールの練習中，チームメイトからのパスを受けたときに突き指をした。それほど痛みを感じずそのまま練習を続けた。1週間ほど経過しても指の違和感が取れなかったため，受診したら骨折していることが分かり，急きょ手術をした。
>
> ③事例3　高校3年生
> 　風が強くふいている日に，体育でサッカーを行っている際，ミニゲーム用の小さなサッカーゴールが風で倒れた。その際，ゴールキーパーをしていた生徒に接触し，生徒は肩を打ぼくした。サッカーゴールは地面に杭で固定していなかった。

　以上の事例は学校での活動で起こった事故ですが，登下校時や課外授業のときも，事故やけがが起こることがあります。高校生を対象とした学校で起きた事故についてのアンケート調査の結果では，半分以上が学校内ではなく課外授業中の事故でした。

では、なぜ事故は起こるのでしょうか。事故が起こる原因は大きく2つに分けることができます。1つは、①人的要因と呼ばれるものです。注意力が欠けていることや気持ちが不安定なことなどが原因となって起こるものです。事例1のように、友達とふざけているときに起こる事故は、人的要因による事故といえます。もう1つは、②環境要因と呼ばれるものです。施設や設備が整っていないこと、自然や環境の条件が悪いこと地震などの自然災害等が原因となって事故が起こります。例えば、事例3のように、施設設備の安全を点検していなかったことで起こる事故は、環境要因による事故といえます。また、2つの要因が重なって事故が起こるときもあります。けがだけでなく、事故によって死んでしまうこともあります。そうならないためには、人的要因や環境要因について対策を立て、事故を防止していくことが大切です。

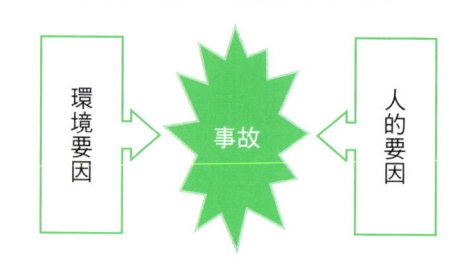

……事故が起こる原因としくみ……

環境要因 → 事故 ← 人的要因

人的要因の対策としては、危険について正しい判断をすることと、安全な行動をとることが大切です。そのためには、まず自分の今の気持ちの状態を確認しましょう。次に、安全な行動がとれるような態度を身につけましょう。そして、安全についてのきまりや約束を守ることを心がけましょう。

■ **確かめてみよう**
自分の「今の気持ちの状態」について確かめましょう。
当てはまる項目の□に✓を入れましょう。
- □ 気持ちが興奮していませんか。
- □ 注意力が欠けていませんか。
- □ ふざけていませんか。
- □ ぼーっとしていませんか。
- □ つかれていませんか。

環境要因の対策としては、身の回りにある危険な物(木工室にある工具、調理室にある包丁など)に注意を向けることと、日ごろから整理

整とんを心がけることが大切です。そのためには，物の置き場所を決め，いつも決まった場所に道具などを片づけるようにしましょう。また，活動をする前は，活動で使う場所(教室やグランド，体育館など)の環境を整備してから行うようにしましょう。もちろん活動のルールを守ることも大事です。

(2) 作業前後

作業学習のなかではいろいろな道具や機械を多くあつかいます。こうした道具や機械のあつかい方を間違えれば，大きな事故につながります。そうならないために次のことを守るようにしましょう。

① **適切な服装で作業にのぞむ**
調理ではエプロンや帽子，マスクを準備します。農耕作業では作業服や長靴，軍手が必要となります。これらをきちんと正しく身につけることも大切です。現場実習でも同じです。

② **作業で使う道具の点検をする**
その日の作業で使う道具や機械の名称，数などを確認しましょう。道具などが壊れていないかを点検してから作業を始めましょう。

③ **仕事分担と目標の確認をする**
自分はどの場所で，だれと何を行うのか，どれくらい行うのか，終わったら何をするのかを確認しましょう。

④ **注意を集中して正確に作業をする**
作業をしている間は私語をせず，もし何か分からないことがあったら先生に質問をしましょう。

⑤ **作業のきまりや指示，注意などをよく守る**
作業をするときのきまりや約束を確実に守りましょう。作業中に先生の指示があったときは，いったん作業をやめて，話を聞くようにしましょう。

⑥ **道具，機械，材料，製品などの後片づけや管理をきちんと行う**
道具や機械は決められたもとの場所にもどしましょう。作業で使った道具や機械が壊れていないかを点検し，壊れていたら先生に伝えましょう。

⑦ **作業室や調理室の整理・整とんをし，清潔にする**
作業で汚れた床や机は，きれいにそうじをして，清潔にするようにしましょう。また，最後に手洗いやうがいを必ず行いましょう。

(3) 交通安全

私たちの生活では，移動手段として電車やバス，自動車はなくてはならないものになっています。交通手段が発達すると便利になりますが，同時に交通事故が起こる危険性も増えていきます。わが国には，毎年，

交通事故でけがをする人や亡くなる人がたくさんいます。特に,中学生,高校生の時期は自転車による交通事故が大変多いといわれています。交通事故では,事故を起こした人や事故にあってしまった人はもちろんですが,その家族も悲しんだり苦しんだりしなければならなくなります。そうならないために,私たちはどんなことに気をつける必要があるでしょうか。

■ 安全に行動する

交通事故を防ぐために,まず歩行者について考えてみましょう。歩行者は交通規則を守ることが何より大切です。道路には信号機やさまざまな道路標識があります。こうした標識が示している交通規則を守ることは交通事故を防ぐことにつながります。実際の道路の状況を自分の目で見て確認することも重要です。

自転車の法令違反別交通事故件数の割合 (平成22年度)

- その他 13.3%
- 安全運転義務違反(前方不注意安全不確認など) 53.2%
- 一時不停止 19.4%
- 信号無視 9.2%
- 交差点安全進行義務違反 5.0%

(警察庁調べ)

交通標識の例:歩行者通行止め / 歩行者横断禁止 / 自動車専用 / 自転車専用

次に自転車の運転について考えてみましょう。スピードの出し過ぎやわき見運転,イヤフォンで音楽を聴きながらの運転,傘をさしての運転は大変危険です。絶対に行わないようにしましょう。

■ 自転車の点検をする

自動車は定期点検をすることが法律で決められています。日ごろから自分で点検や整備を行う必要があります。実際に自転車のタイヤに空気を入れたり,サドルの高さを合わせたりしてみましょう。

考えてみよう

自転車の点検をしましょう
- [ ] ブレーキは利きますか。
- [ ] タイヤに空気は入っていますか。
- [ ] ライトはつきますか。
- [ ] ベルはなりますか。
- [ ] ハンドルやサドルの高さは体に合っていますか。

（4）自然災害（地震など）

　地震などの自然災害はいつ起こるかわかりません。日頃からそうした災害に対する備えをしておくことは，事故やけがなどの被害を最小限におさえるためにも大切です。学校ではもちろんのこと家庭でも防災対策について考えていきましょう。

■ 学校での対策

　学校では避難訓練が行われます。こうした訓練では火災や地震，津波など，災害の種類によって行動の仕方も変わります。先生の指示や校内放送をよく聞いて行動できるようにしましょう。特に地震では，もし揺れを感じたらどの場所にいても「上から物が落ちてこない場所」，「横から物が倒れてこない場所」を探してすばやく逃げるようにしましょう。津波対策としては，「3階以上の高さの建物に避難する」ということを覚えておいてください。

■ 通学時（登下校）の対策

　学区の地図を利用して自分の家の位置，学校までの通学路，地域の指定避難所などを確認しておきましょう。地域によっては防災地図を作っています。そうした地図を利用して災害の時に近づいてはいけない場所を知っておきましょう。また，氏名，住所，家族や学校，主治医の連絡先などを記入した非常時カードを作り，通学時に身につけておくことをすすめます。あらかじめ家族との間で連絡方法や集合場所を決めておくことも大切です。

■ 家庭での対策

　地震による揺れで，家具が倒れないための対策，ガラス窓が割れて飛び散らないための対策などを家族と一緒に行っていきましょう。水や非常食，常備薬，防寒具，簡易トイレといった防災用品を揃え，いざというときに使えるようにしておきましょう。特にアレルギー食が必要な

場合には事前に適切な食材を準備しておかなければなりません。また日ごろから服用している薬がある場合には、薬の名前や服薬量が分かるメモを保管しておきましょう。テレビや携帯電話から流れる緊急地震速報には、必ず耳と目を傾けてください。自宅が使えなくなったときにはどこに逃げたらよいのか、どこを通って逃げたらよいのかを確認し、実際に訓練してみましょう。

■ その他の対策

　町内会や自治会などの地域の避難訓練にも積極的に参加してみましょう。災害時に場合によっては手助けが必要となることを理解してもらい、声をかけあえる関係をつくっておくことが重要です。

　市区町村では「災害時要援護者避難支援制度」という、災害時に避難が難しい人に対して、隣近所で助け合って速やかに避難する仕組みづくりを行っています。具体的には、災害時に支援を希望する人は役所に登録申し込みをします。自分が住んでいる地域では、防災対策としてどのような制度や仕組みがあるかを調べてみましょう。

4 病気になったとき・けがをしたとき

(1) 診察を受ける

かかりつけの病院

病気になったときに困らないように、かかりつけの病院を決めましょう。かかりつけの病院は、今までのあなたの体の状態をよく知っているので、とても安心です。大きな病気のときは、専門の病院を紹介してくれます。

		今自分が行っている病院の名前
熱が出たとき、かぜをひいたとき、下痢をしたとき	内 科	
けがをしたとき	外 科 整形外科	
目の病気やけがのとき	眼 科	
耳・鼻・のどの病気やけがのとき	耳鼻科	
その他		

確かめてみよう

病院に行くときに持っていくものを確かめてみましょう。
- ☐ 保険証
- ☐ 医療費受給資格証（持っている人と持っていない人がいます）
- ☐ お金
- ☐ お薬手帳

薬をもらうとき

薬をもらうときには、病院で受け取った「処方箋」と、自分の「お薬手帳」を持って、調剤薬局に行きます。「お薬手帳」は、調剤薬局でもらうことができます。市販の薬を飲んだときも、自分で薬の名前を書いておきましょう。

分からないことは，調剤薬局の薬剤師に相談しましょう。

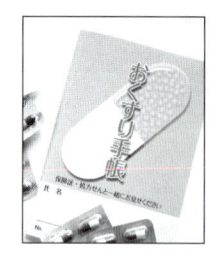

▶**お薬手帳の役割**

○いろいろな病院でもらった薬がすべて分かるので，薬の飲み合わせのチェックができます。
○薬の副作用を知ることができます。
○急な病気やけがのときに，この手帳を見てもらうことで，適切な医療を受けることができます。

副作用
医薬品は，病気の治療や予防などの本来の使用目的である効果的な作用（主作用）と，本来の使用目的と異なる好ましくない作用（副作用）をあわせもっています

自分の住んでいるところにある病院の調べ方

▶**インターネットで調べる**

あなたが住んでいる地域の医師会のホームページにアクセスしてみましょう。多くの医師会では，病院を探すことのできるシステムをホームページにのせています。

あなたが住んでいる市区町村の役所のホームページにアクセスしてみましょう。夜間や休日に診てもらえる病院などを知ることができます。

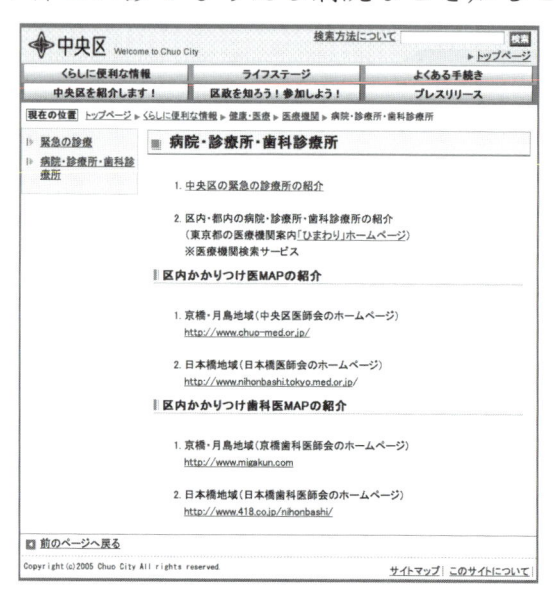

▶電話帳で調べる

　NTTタウンページの「病院・医院」を開いてみましょう。医療エリアマップ(病院の場所が分かる地図)もあります。

▶住んでいる市町村の広報誌で調べる

　市区町村の役所から，毎月，広報誌が配られています。広報誌には医療に関するお知らせが書いてあります。

(2)医薬品の正しいあつかい方

熱が出る

　元気な人の体温は大体36.5～37.0度ですが，人によってちがいます。自分の平熱を知っておきましょう。

　いろいろな病気のときに熱が出ます。微熱(平熱よりも少し高い状態。37.0～37.5度くらい)でも具合が悪くなる場合がありますが，一般的には，37.5度以上になったときに「熱が出た」と考えます。

熱が出る原因

　急に高い熱(38.0度を超えるような熱)が出たときに，熱以外の症状が見られることがあります。

　お医者さんに聞かれたときには，症状を正確に伝えましょう。正しい診断をするもとになります。

熱以外の症状	考えられる病気
咳・鼻水・頭痛・のどの痛みなどがある	かぜ，インフルエンザ，扁桃炎　など
腹痛・下痢・嘔吐などがある	急性虫垂炎(盲腸)，食中毒，嘔吐下痢症　など
おしっこをするときに痛かったり，おしっこが出たのにまだ出るような感じがする	膀胱炎，急性腎盂腎炎　など

　このほかにも，いろいろな病気が原因で，熱が出ることもあります。自分で「かぜだろう」と思って，薬局で買ったかぜ薬を何日も飲むのは危険です。休んでもよくならないときには，病院を受診しましょう。高い熱でなくても，微熱が続く場合には，必ず病院で診てもらうようにしましょう。

> **薬の飲み方**

薬は指示された飲み方で飲みましょう。

● コップ1杯の水かぬるま湯で飲みます（口の中で溶かすタイプ以外）。
● 牛乳・ジュース・コーヒー・お酒と一緒に飲んではいけません。薬が効きすぎたり，効果がなくなったりします。
● 決められ時間に飲みます。飲み忘れたからといって，1回に2回分飲んではいけません。

食前：食事前の約30分以内
食後：食後約30分以内
食間：食事と食事の間。前の食事からおよそ2～3時間後（食事の最中のことではありません）
ねる前：ねるおよそ30分～1時間前
頓服：症状が出たとき

● 薬の形を変えずに飲みます。カプセルや錠剤を細かくしたり，とかして飲んだりすると薬の効き目がなくなったり，体に悪い影響をあたえたりします。

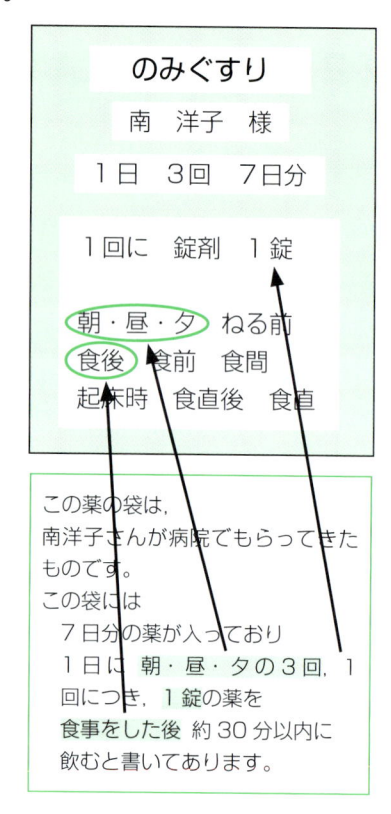

のみぐすり

南　洋子　様

1日　3回　7日分

1回に　錠剤　1錠

朝・昼・夕　ねる前
食後　食前　食間
起床時　食直後　食直

この薬の袋は，南洋子さんが病院でもらってきたものです。
この袋には
　7日分の薬が入っており
　1日に　朝・昼・夕の3回，1回につき，1錠の薬を
食事をした後 約30分以内に
飲むと書いてあります。

（3）応急手当て

> **応急手当ての基本はRICE（ライス）**

打ぼくや捻挫などのときに，応急手当てを早く行うと，痛みやはれ，内出血などの症状の悪化をおさえることができます。

応急手当てをした後は，必ず病院で診てもらいましょう。

Rest（レスト）＝安静にする

痛いところを動かさないこと
- 痛いところを無理やり動かしてはいけません。
- 無理に動かすとけがの回復が遅れるばかりでなく，けががひどくなります。

Ice（アイス）＝冷却する

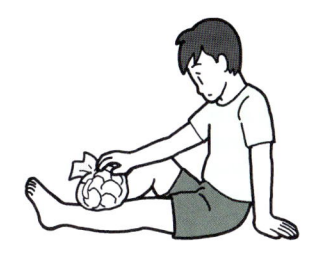

冷たく冷やすこと
- 氷のうなどで痛いところを冷やします。

Conpression（コンプレッション）＝圧迫する

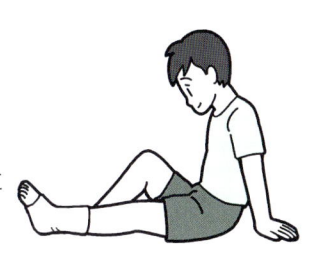

けがをしたところを弾力包帯で押さえること
- 押さえすぎないようにします。
- 押さえた部分の先がしびれたり色が変わってきたら，押さえる力をゆるめます。

Elevation（エレベーション）＝上に上げる

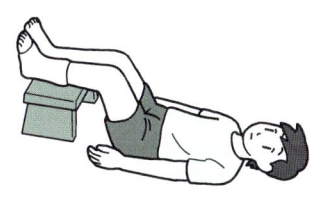

痛いところを高く上げること
- 痛いところを心臓より高い位置に持ち上げます。

応急手当

すり傷・きり傷
① 汚れていたら，傷口を水道水で洗い流し，汚れを落とす。 
② 清潔なガーゼやハンカチで傷口をおおい，病院を受診する。

大出血
① 清潔なガーゼやハンカチなどで出血しているところを強く押さえる。
※他人の血を止める場合は，直接血液にふれないように，ビニール袋などを手袋のようにして使う。 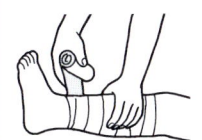
② その上から包帯で強く巻く。

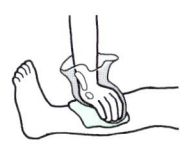

骨折・捻挫

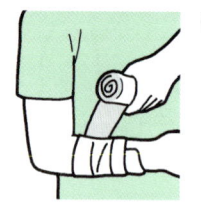

① 痛みがあるところを無理やり動かさない。骨が折れて皮膚から出ている場合は、まず傷口を清潔なガーゼでおおい、その上から包帯を巻く。

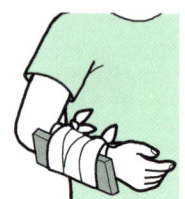

② 痛みが一番軽い状態で副木で固定し、なるべく早く病院を受診する。
※副木がない場合は、雑誌やダンボールなどを利用する。

やけど

① 水道水で20～30分間冷やす。流水を直接当てないように、洗面器などに水をため、その中にやけどしたところを入れ、水を流す。

② 十分冷やした後、軽くガーゼでおおい、病院を受診する。
※水ぶくれができた場合には、破らないように気をつける。
※服の上からやけどをした場合は、服の上から水をかけて冷やす。

熱中症　※意識のないときや意識がもうろうとしているときはすぐに救急車を呼ぶ。

① 風通しがよい日陰や冷房のきいた部屋に行き、衣類をゆるめて楽にする。

② 顔色が悪いときは、足を高くして横になる。

③ 意識がはっきりしているときは、スポーツ飲料・うすい食塩水などを飲む。

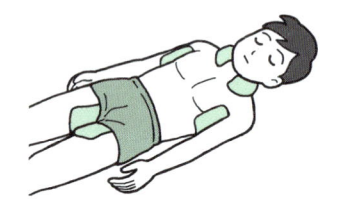

④ 首の両横、わきの下、太ももの付け根を冷やす。
※症状がよくならないときは救急車を呼ぶ。

（4）心肺蘇生法

目の前に人が倒れていたら、少しでも早く助けましょう。

1	意識の確認	肩をたたきながら、相手の耳もとで「大丈夫ですか!?」と呼びかけます。反応がなければ、次の2を行います。
2	応援を呼ぶ	周りの人に「だれか助けてください」と言って助けを求めます。119番通報を依頼します。また、AED（自動体外式除細動器）が近くにあるときは持ってくるように頼みます。だれもいないときは自分で119番に電話します。電話をすれば、どうすればよいかを教えてくれます。AEDの使い方も教えてくれます。電話を切

		らずにその指示に従って動きます。 AED：必要に応じて電気的なショックをあたえる(除細動を行う)ことで，心臓のはたらきをもどすことを試みる医療機器。
3	呼吸の確認	胸が動いているか，呼吸音が聞こえるかどうかを確めます。 呼吸をしているかどうか分からない場合や，しゃくりあげるような変な呼吸をしている場合は，呼吸をしていないと考えます。 119番の電話でそのことを伝えます。
4	気道確保	訓練をしていない人は，しなくてもよいことになりました。
5	人工呼吸	
6	心臓マッサージ (胸骨圧迫)	呼吸をしていない場合には，胸骨圧迫を行います。胸部を繰り返して圧迫し，心臓内から血液を送り出します。 ①倒れている人をかたい床面に上向きで寝かせます。 ②倒れている人の胸のあたりの床に両膝をつきます。倒れている人の胸の真ん中(乳頭と乳頭を結ぶ線の真ん中)に，片方の手のひらの付け根を置き，もう一方の手を重ねます。 ③両ひじを伸ばして垂直に体重をかけ，倒れている人の胸が，4～5cm（成人の場合）沈むまで押し下げます。 ④手を胸から離さず，力をゆるめてもとの高さにもどします。 ⑤③と④を1分間に約100回のテンポで行います。倒れている人が，ふだんどおりの呼吸を始めたり，嫌がるような動きを見せたりしたら中止します。
7	AEDによる 除細動	AEDが到着したら，すぐに使います。 体がぬれていれば，ふき取ります。 AEDのスイッチを入れると，音声で手順を教えてくれます。

救急隊員が到着するまでこの動作を続けます。AEDのスイッチを切ってはいけません。※心肺蘇生法の練習は生徒だけでしてはいけません。

(5) 交通事故にあったときの対応

交通事故の被害者になったら，落ち着いて次のように対応しましょう。

①	110番に電話をする。	小さな事故でも遠慮はいりません。必ず警察官に来てもらい，調書を書いてもらいます。 ※後で，できるだけ早く『自動車安全運転センター』に行って，『交通事故証明書』を発行してもらいます。『交通事故証明書』がないと保険金がもらえません。
②	家族（両親・兄弟など）に電話などで連絡をする。	事故にあったときは，びっくりして何も考えられなくなってしまうことがあります。家族に事故の場所に来てもらいましょう。
④	相手（加害者）のことをよく知る。	相手の名前，住所，連絡先，勤務先，車の登録ナンバーをメモしておきます。 相手の運転免許証や自動車検査証，保険などの証明書を見せてもらい，免許証番号や保険番号などをメモをしておきます。 難しいことは，家族に頼みましょう。
③	軽いけがの場合でも，必ず病院へ行く。	事故にあったときは，軽いけがだと思っていても，時間がたって，状態が悪くなることがあります。 また，事故直後はびっくりしているので，痛みが分からなくなっていることもあります。 大丈夫だと思っても，必ず病院で診てもらいましょう。
⑤	保険に入っている場合には，事故の状況をすぐに保険会社，または取り扱い代理店に連絡する。	この手続きをしないと，保険金がもらえません。

5 大切な体

(1) 性

> 思春期と健康

〔女子の例〕

あなたは，今どのへんにいるのでしょうか？

赤ちゃん　幼児　小学生　中学生　高校生　成年　中年　老人

　思春期には，男女共に体が急速に発育し大人の体つきに変わってきます。また，大人になる心の準備も始まります。
　男子は，大人の男性に向かって，体と心が変わっていきます。
　女子は，大人の女性に向かって，体と心が変わっていきます。
　思春期になり，体と心が，今までと変わってきても，何も心配はいりません。思春期になるとだれにでも起こることなのです。

> 「思春期」がいつ始まるかは，1人ひとりちがいます。
> だから，ほかの人とちがっていても，心配はいりません。

男性・女性の体のしくみ

男子が思春期に大人の男性へ向かうとき，どんな体の変化があるのでしょうか。
- 「声変わり」といって，それまでより声が低くなって，のどぼとけが出てきます。
- 体の毛がこくなり，性器の周りやわきの下に毛が生え，ひげも生えます。
- 筋肉がついてきて，骨も発達し，がっしりとした体つきになってきます。
- 精巣(こう丸)や陰茎が大きくなってきます。
- 精通(初めての射精)が起こります。

▶「射精」のしくみ

男子は，大人の体になってくると，精巣で精子がつくられるようになります。できた精子は，精巣の上にある精巣上体に送られてたくわえられます。そして，陰茎の先からは，精子と液体が混ざった精液が出ます。これを射精といいます。

初めての射精は，10～15歳ごろに経験する人が多いといわれています。陰茎の先からは尿(おしっこ)も出ますが，精液と尿はちがいます。また，精液と尿が一緒に出ることもありません。

眠っている間に射精することもあります。射精はだれでもあることです。

次に，女子が，思春期に大人の女性へ向かうときは，どんな体の変化があるのでしょうか。
- ちぶさが少しずつふくらんで，大きくなってきます。
- 性器の周りやわきの下に毛が生えてきます。
- 体が丸みをおびてきます。
- 月経が始まります。

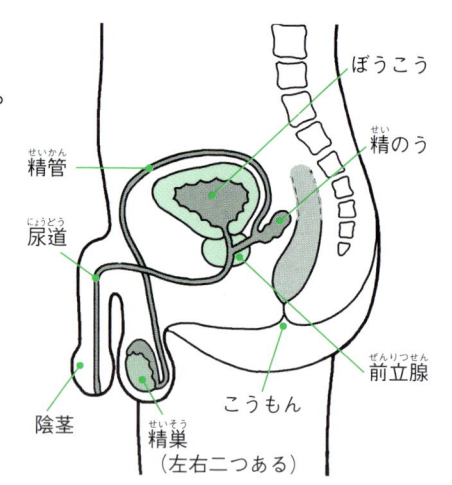

▶「月経」のしくみ

女子は大人の女性の体になってくると月経が始まります。月経は，膣の入り口から，およそ1か月に1回，血液と子宮にあった栄養分の混ざった「経血」が出てくることで，だいたい50歳くらいまで続きます。

1回の月経の長さは，3日間の人もいれば，7日間の人もいます。また，同じ人でも，月によって，6日間だったり，4日間だったりします。「経血」の出てくる量は毎日同じではありません。初めは多く，しだいに少なくなっていきます。

月経の始まった日から，次の月経が始まる前の日までの日数を月経周期といいます。初めて月経になったばかりのころは，月経周期が毎回ちがうことがありますが，だんだん同じくらいの日数になっていきます。月経周期は28日くらいの人もいれば，35日くらいの人もいます。自分の月経周期を知っておくことは大切なことです。

月経の手当ての仕方もきちんと覚えましょう。月経中おなかが痛いときには，はげしい運動をさけ，夜ふかしをしないで早く寝るなど無理をしないようにします。その他食事や入浴，衣服などについても対処の仕方を家族や先生に聞いて，月経中も上手に過ごしましょう。

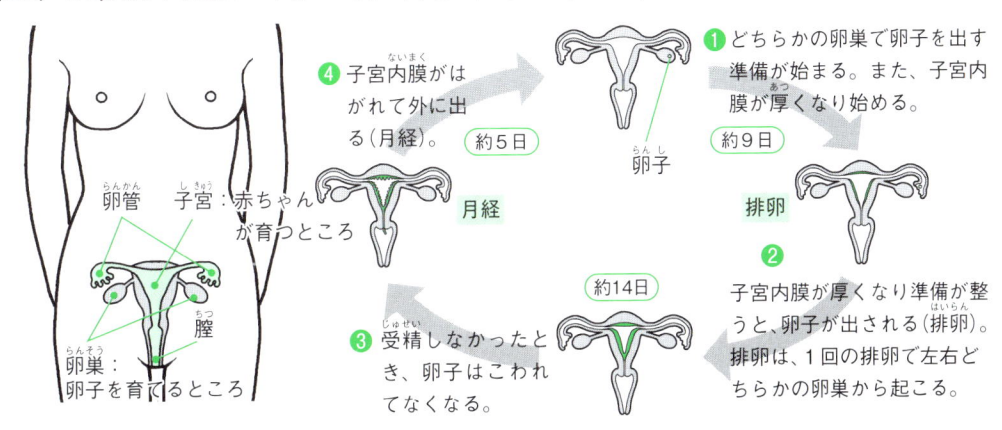

卵管
子宮：赤ちゃんが育つところ
膣
卵巣：卵子を育てるところ

❹ 子宮内膜がはがれて外に出る（月経）。
約5日
月経

❶ どちらかの卵巣で卵子を出す準備が始まる。また、子宮内膜が厚くなり始める。
約9日
卵子
排卵

❸ 受精しなかったとき、卵子はこわれてなくなる。
約14日

❷ 子宮内膜が厚くなり準備が整うと、卵子が出される（排卵）。排卵は、1回の排卵で左右どちらかの卵巣から起こる。

思春期と異性への思い

思春期は，体と心が変わっていきます。思春期には，心はどのような変化がみられるでしょうか。

男子は女子のことが，女子は男子のことが，今までよりも気になって

しまいます。例えば,「あの子は今どうしているかなぁ」と気になる人のことを考えて胸が少し苦しくなったり,会えるのが楽しみでわくわくしたり,このような気持ちになることは,思春期には当たり前のことです。
　しかし,そのときの気持ちは,1人ひとりちがいます。1人ひとりの顔や体つき,得意なことや苦手なことがちがうように,気持ちもちがっています。

　だれかのことが好きになったら,どうしたらいいのでしょうか。
　その人の前で,目立ちたくなって張り切る人がいるかもしれません。反対に,どきどきして,恥ずかしくて,いつものようにできなくなってしまう人がいるかもしれません。わざといじわるをしてしまう人がいるかもしれません。ずっと,すぐ近くにいようとする人がいるかもしれません。「大好き」と,いつも話しかけている人もいるかもしれませんし,反対に,好きなのに「嫌い」と言っている人がいるかもしれません。

> 大切なことは,相手の気持ちを考えることです。
> 相手の嫌がることはしないこと,言わないことです。

　相手の気持ちを考えて行動するには,難しいことがたくさんあります。
　相手が好きという自分の気持ちは伝えてあるでしょうか。そして,相手の気持ちを聞いているでしょうか。自分勝手に,"嫌がっていない,喜んでいる！"と決めつけてしまうことがあります。相手の人は困っていないかどうか考える必要があります。相手のことをよく考えてみま

しょう。そして，心配なときは，自分1人で悩まないで，家族や先生など信頼できる人に相談してみましょう。

相手が嫌がることを続けていると，一緒に楽しい時間は過ごせません。相手が嫌がることをすると犯罪になることがあります。自分で気づいていないうちに，相手の嫌がることをしているかもしれません。さわってもいいと言われてないのに，勝手に相手の体にさわってしまったり，毎日待ちぶせをしたり，いつも後ろからついて歩いたりすることはしてはならないことです。こうした行為は，法律でやってはいけないと決められています。

相手の気持ちをよく考えて責任ある行動をとることが大切です。

▶ いろいろな情報の『ウソ』と『ホント』

雑誌やアニメなどに書いてあるエッチなことは，多くの場合，本の中だけのことです。現実とちがいます。「ありえない」ことの方がたくさん書いてあります。また，雑誌だけでなくテレビやビデオ，インターネットなどにも性について誤った情報があります。一番大切なのは，その人自身の気持ちです。1人ひとりの気持ちはちがいます。本に書かれていることをそのまま信じたり，まねをするのはやめましょう。

▶ **結婚と妊娠・出産**

学校を卒業して，大人の生活が始まったら，あなたはどんな生活をしたいでしょうか。1人ひとりの生活スタイルはいろいろです。「今まで通り家族とくらしたい」「グループホームでくらしたい」「1人暮らしがしたい」「好きな人とくらしたい」「気の合う仲間とくらしたい」「結婚したい」など。どの生活を選ぶかは，自分自身でしっかり考えることが大切です。そのためにはいろいろな生活スタイルのことをよく知っておくことが必要です。

「結婚」するまでにはどんなことがあるのでしょうか。

| パートナーと出会う。 | → | 交際して,お互いをよく知る | → | 結婚を申し込んで,結婚の約束をする。 | → | 結婚の準備をする。 | → | 婚姻届を出して,結婚する。 |

「結婚」すると, 2人の生活には, たくさんのことがあります。

- 協力して家事をする。
- いたわり合う。
- 愛し合う。
- 生活費のことを話し合う。
- お互いの家族を大事にする。
- 自分の友達とのつき合いをする。
- 子どもをもつか話し合う。
- けんかをしたら,仲直りをする。
- 2人の趣味をもつ。
- 自分の趣味をもつ。

　結婚を考えたとき, 子どものいる生活にするか, いない生活にするかを話し合っておくことも大切です。

　子どもをもちたいと考え, 性行為をして男性の精子と女性の卵子が受精すると, 女性は「妊娠」します。妊娠すると女性の子宮の中で赤ちゃんが育っていきます。そして, 40週ごろに, 赤ちゃんが生まれることを「出産」といいます。

　赤ちゃんが生まれると, 2人は「父親」「母親」になります。父親, 母親が責任をもってしなくてはならない役割はたくさんあります。親の責任を果たすためには, 多くのことを学び, しっかり準備しておくことが必要です。

　子どもがいない生活を選ぶときは, 性行為のときに「避妊」といって, 子どもができないようにします。避妊の方法として, コンドームやピルがよく使われています。これらの正しい使い方を知っておくことが必要です。

（２）性感染症・エイズの予防

性感染症

　性感染症は性行為でうつる病気です。この病気にはいくつも種類があります。日本で多いのは，クラミジア感染症，淋病などです。

　性感染症がうつると，性器がかゆくなったり，痛くなったり，男性では陰茎からうみが出たりします。女性はおりものが増えたり，おしっこに何度も行きたくなったり，熱が出たり，赤ちゃんができなくなったり（不妊），赤ちゃんができても，赤ちゃんにその病気がうつっていて，赤ちゃんの具合が悪くなったりします。

　やっかいなことに，性感染症になっても気がつかないでいることがあります。気がつかないまま性行為をすると，たった１回の性行為でも，パートナーにうつしてしまいます。

　性行為をするとき，「性感染症になるかもしれないこと」を知っておきましょう。性感染症がうつらないようにするには，コンドームが役に立ちます。コンドームを使うときには，正しい使い方を知る必要があります。

　もしも，性感染症になったら，病院で治療することが必要です。性行為をしたパートナーと一緒に病院に行きましょう。

エイズ

　エイズは，性行為だけでなく，ほかの人が使った注射器を使ってうつったり，輸血や血液製剤（血液からつくられた薬）でうつったりして，たくさんの人が治療しています。

　エイズの治療をしている人と握手をしても，同じプールで泳いでも，同じトイレを使っても，エイズはうつりません。エイズはせきやくしゃみからもうつりません。

偏見をもつのはやめましょう

　エイズという病気のことを正しく理解して，治療をしている人と接し

ましょう。

よく知らないで，いじわるな「偏見」をもつことは，とても悲しく，恥ずかしいことです。

（3）喫煙の害，飲酒の害，薬物乱用

喫煙の害と健康

たばこのけむりには，ニコチン，タール，一酸化炭素などの健康に害を及ぼす有害物質が多くふくまれています。これらの有害物質のために，たばこを吸う（喫煙）と，血管が縮み，脈拍数は増え，血圧が上がります。そして，めまい，せき，たん，息切れなどが現れることもあります。また，ニコチンの影響で，たばこを吸い始めると，やめるのが難しくなります。長い間，たばこを吸っていると，肺がんや慢性気管支炎，心臓病など，いろいろな病気にかかりやすくなります。

…… たばこの主な有害物質 ……

有害物質	主な害
ニコチン	・血管の収縮，血圧の上昇，心拍数の増加など。 ・強い依存性がある。
タール	・やにとも呼ばれ，肺に付着し，肺のはたらきを低下させる。 ・多くの発がん物質（がんの原因となる物質）をふくむ。
一酸化炭素	・血液中のヘモグロビンと結びつき，血液の酸素運搬能力を低下させる。

心身の発育・発達期には，たばこの悪い影響を強く受けます。たばこを吸い始めた時期が早く，吸う期間が長いほど，病気にかかりやすくなります。そこで，未成年者の喫煙は法律で禁止されているのです。

また，たばこを吸う人の近くにいる人は，吐き出されたけむりやたばこの先から出るけむりを吸い込んでしまいます。喫煙は，周りの人にも悪い影響をあたえるのです。

周囲の人の健康も害しています

たばこは吸わない方がよいのです。それでも，もし，将来，たばこを吸うときには，たくさん吸いすぎないように1日に吸う本数を決めて守ること，周りの人のことを考えて，公共の場でのたばこのマナーを守ることが大切です。

飲酒の害と健康

　酒に含まれているアルコール（エチルアルコール）は，脳のはたらきを低下させるので，酒を飲むと「酔う」という状態になり，考え（判断し）たり運動したりする力が低くなります。そのため，転落，交通事故，暴力などの事件を起こしやすくなります。

　「一気飲み」のように，一度に大量の酒を飲むと，意識がなくなり，呼吸が止まって死亡することもあります。また，長い期間，飲酒を続けていると，がんや肝臓病などの病気になったり，飲むことをやめられなくなるアルコール依存症になったりすることもあります。

　酒の影響は，心身の発育・発達期に強く現れるので，喫煙と同じように，未成年者の飲酒は法律で禁止されています。

　もし，将来，酒を飲むようになったときには，飲み過ぎないように注意し，酒を飲まない日をつくるようにしましょう。また，ほかの人にむりやり酒をすすめないことや，自分が飲みたくないときにははっきり断ることも大切です。

薬物乱用

「薬物乱用」の「薬物」とは，医師の処方がなく使ってはいけないと法律で厳しく規制されている薬のことです。"ドラッグ"とも言われ，飲んだり，吸ったりすると，体に害のある「覚せい剤」「コカイン」「大麻」「シンナー」などのことをいいます。"ドラッグ"を飲んだり，吸ったり，持っていたり，あげたり，もらったり，買ったり，売ったりするのはすべて犯罪です。たった一度でも犯罪です。"ドラッグ"を飲んだり，吸ったりすると，急性中毒を起こしたり，依存症になって自分の意志ではやめることができなくなったりします。依存症になると体がぼろぼろになります。薬物乱用は，使った人だけでなく，家族や周りの人など，多くの人たちにも大きな被害をもたらします。そこで，薬物乱用は，日本だけでなく，世界中の多くの国でも，法律で厳しく禁止されています。

だまして"ドラッグ"を飲ませようとする悪い人がいます。「やせる薬」「気持ちがよくなる薬」といろいろな呼び方で言葉たくみに誘いますが，絶対，だまされないようにしましょう。

さまざまな薬物

薬物であることや危険な物質であることを隠すために，さまざまな隠語（別の呼び名）で呼ばれている。

有機溶剤	シンナー，トルエンなど。摂取し続けることで脳にダメージを与え，精神に異常をきたすこともある。 隠語：アンパン，ジュントロなど
覚せい剤	特に依存性が強い。脳に大きなダメージをあたえる。 隠語：スピード，エス，アイス，シャブなど
大麻	免疫力など体の機能を低下させたり，妄想や異常行動など精神にも異常をきたし，社会生活を送れなくなる。 隠語：マリファナ，チョコ，ハッパ，ハシシュなど
麻薬	コカイン，ヘロイン，モルヒネ，MDMAなど
違法ドラッグ	強い作用があり，製造，輸入，販売を禁止されている。

118

（4）加齢と健康

　だんだん年齢を重ねていくことを加齢といいます。加齢は，だれにも止められません。

　体がだんだんと衰えていく速さは，人によってちがいます。加齢で体の調子が悪くなる人もいれば，元気な人もいます。このように，若いころからの生活が年をとってからの生活習慣病につながることがあります。大切なことは，自分で健康に気をつけて毎日を過ごしていくことです。

健康のためにどのようなことに気をつければいいでしょうか。

　食事をきちんと食べているか，栄養のバランスがとれているか，食べ過ぎていないかを確かめましょう。

　睡眠をきちんととりましょう。どうしても眠れない日が続くようなら，医師に相談してみましょう。

　できれば毎日，いそがしかったら1週間に1回くらい，ちょうどよい運動をして，体を動かしましょう。いつもより少し長く歩いたり，お風呂の後にストレッチをしたりしてみましょう。

　「イライラするなあ」「やる気が出ないなあ」など，ストレスがたまっているなと思ったら，ゆっくり体を休めたり，好きなことをしたりしてリフレッシュしましょう。家族や身近な人に相談するのもいいことです。

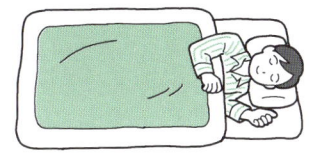

1年に1度は健康診断を受けましょう。自分では元気だと思っていても，病気が見つかることがあります。病気は早めに見つけて，早めに治すことが大切です。

第3章
スポーツのきまり 知っておきたい知識

1. スポーツをするときのルールときまり
2. 運動するときの環境整備
3. チームゲームでの役割と作戦
4. 知っておきたい知識①
　　－健康にかかわる機関・制度・サービス－
5. 知っておきたい知識②
　　－スポーツへの参加－

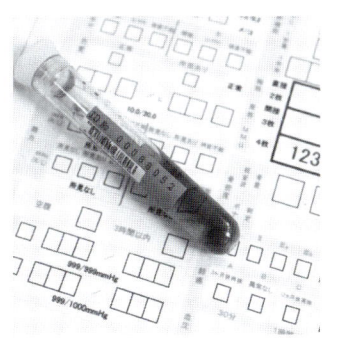

　現在はもちろん，卒業後も，健康で豊かな生活を送るために，知っておかなければならないことがたくさんあります。この章には，第1章，第2章で学習したことのほかに，ぜひ知っておいてほしいことが書かれています。1つは，だれもが楽しく，安全にスポーツをするために必要ないろいろなきまりやルール，準備や片づけ，競技などのスポーツへの参加についてです。もう1つは，私たちの健康を守るためのいろいろなしくみやサービスなどで，必要なときにこれらを利用できることが大切です。ここでは，私たちが安全で健康なくらし，明るく豊かなくらしを営むために大切なことを学びます。

1 スポーツをするときのルールときまり

　陸上競技,球技,水泳,武道,野外スポーツなどには,それぞれにルールがあります。そして,施設のあつかい方や集団での行動の仕方など,安全に気持ちよく運動するためのきまりもあります。だれもが安全で公平に,楽しくスポーツに参加するためには,いろいろなきまりやスポーツのルールを守ることがとても大切です。

ルールを守って

安全に気をつけて

みんなと楽しく

コラム

スポーツマンシップって知ってる？

　スポーツをすることを楽しみとして,ルールを守ってプレーしたり,相手の選手の努力を認めたり,仲間と仲良くしたりしながらスポーツに取り組む態度をスポーツマンシップといいます。

　テレビでよく見るスポーツでも,試合後に,戦った相手と握手をしていることがよくありますが,これもスポーツマンシップの表れです。

2 運動するときの環境整備(かんきょうせいび)

(1) 器械(きかい)や器具のあつかい方

　運動には，マット運動や跳(と)び箱，鉄棒(てつぼう)など，大きくて重い器械や器具を使うものがあります。これらは，使い方を間違(まちが)うと，大きなけがをしてしまうことがあります。正しい使い方を知って，楽しく安全に運動しましょう。また，運動する前には，使う器械や器具が安全かどうかを確(たし)かめることも大切です。

　これらの運動をするときには，必(かなら)ず先生が近くにいることを確かめ，先生の指示(しじ)をよく聞いて運動するようにしましょう。

考えてみよう

どちらが正しいでしょう。正しい方に○をつけてみましょう。

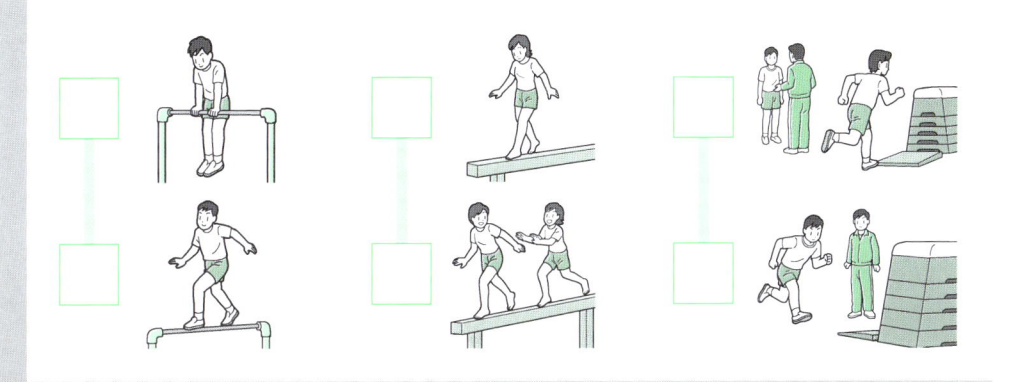

コラム

体操(たいそう)選手は，器械や器具を使って大きくジャンプしたり回ったりして，私たちに素晴(すば)らしい技(わざ)を見せてくれます。しかし，このような技ができるようになるためには，たくさんの練習が必要(ひつよう)です。決して簡単にまねをしないようにしましょう。

（2）施設の利用の仕方 　ーボウリング・プールー

　私たちが住んでいる街には，スポーツをするいろいろな施設があります。これらの施設は，多くの人が利用しています。利用の仕方を知り，それを守ることで，みんなが気持ちよくスポーツをすることができます。ここでは，ボウリングとプールの利用の仕方を紹介しますが，施設によって利用の仕方がちがいます。自分たちが使う施設について，よく確かめておきましょう。

⋯⋯ ボウリング ⋯⋯

① 受付をする。
② 靴を借りる。
　専用の靴にはきかえてプレーする。
③ ボールを選ぶ。
　自分に合った重さのボールを選ぶ。
④ ゲームをする。
　決められたレーンに行き，順番にボールを投げてゲームを楽しむ。
⑤ もとの位置にボールを片づける。
⑥ 支払いをする。

＊ボウリング場の床は大変きれいで，滑りやすくなっています。そのため，走ると転んだり，自分だけでなく周りの人にけがをさせたりすることもあります。安全に気をつけて楽しくプレーしましょう。

⋯⋯ プール ⋯⋯

① 受付で使用料を支払う。
② 更衣室に行く。
　トイレを済ませておく。
③ 水着に着替える。
　ロッカーは1人につき1つ使う。
④ シャワーを浴びる。
　しっかり全身をシャワーで洗う。
⑤ 準備体操をする。
　プールに入る前に必ず行う。
⑥ プールに入って泳ぐ。
　ほかの人も泳いでいるので，じゃまにならないようゆっくり入る。
⑦ シャワーを浴びて着替える。

＊プールサイドは，滑ってけがをすることがあるので，走らないようにしましょう。
＊とびこみは，ほかの人とぶつかることがあります。危ないのでやめましょう。

(3) 準備・片づけ

　運動では，いろいろな器械や器具，用具などを使うことがあります。学校や地域の施設にあるものは，自分だけでなく友達やほかの人たちも使うので，大切に使いましょう。

準　備

　運動するために必要なものを確かめます。
　次に，みんなで一緒に準備しましょう。1人で持てないものがあれば，友達と協力して運びます。みんなで役割を分担し，協力することで，より確実に準備することができます。準備をするときは，安全に十分気をつけて行うことが大切です。

片づけ

　運動をしたら，終わりではありません。自分たちが使ったものは，自分たちで片づけます。片づけるときには，「もとの場所」に片づけることが大切です。そうすることで，友達やほかの人たちも，その用具を同じように使って，楽しく運動することができます。準備するときと同じように，友達と協力し，安全に気をつけて片づけましょう。

3 チームゲームでの役割と作戦

　いろいろなスポーツの中で，複数の人数で行うスポーツをチームゲームといいます。チームゲームでは，得点を競い合って楽しむものが中心です。プレーをする1人ひとりがルールを知り，各自の役割を決めて作戦を立て，それに沿ってゲームを進めます。友達と協力することがとても大切なスポーツです。

（1）ルールを知る

　ルールとしては，何人で行うのか，どうなったら点が入るのか，やってはいけないプレーは何か，どうなったらゲームが終わるかなどが決まっています。友達同士でチームゲームをする場合には，みんなで楽しめるように，ルールを相談して決めて行うこともできます。決まっているルールは，ゲームをする人全員が守らなければなりません。いろいろなきまりやルールを守り，みんなで協力することで，みんながゲームを楽しむことができるのです。

> サッカーのルールは，
> ①1チーム11人で行うよ。
> ②相手のゴールにボールを入れたら得点になるよ。
> ③手でボールをさわると反則になるよ。それと，相手を押しても反則になるよ。
> ④前半と後半が終わったら終了だよ。
> 今日は，8人だから4人に分かれてゲームしようよ！

> いいよ！

> ルールは分かったよ！

(2) 役割を決める

　チームゲームでは，攻撃をする人や守る人など，さまざまな役割があります。また，実際のゲームでは，得点をつける人や時間を計る人，審判をする人など，ゲームの進行にかかわる役割もあります。練習やゲームで役割を交代しながら行うと，いろいろな役割の大切さが分かります。1人ひとりが自分の役割を果たすことで，チーム全体の力が増し，また，ゲームをスムーズに進めることもできます。役割は，みんなで話し合って決めることが大切です。

(3) 作戦を立てる

　ゲームで得点するための方法を考えます。「次はどう動こうかな」「こうした方がいいんじゃないかな」など，友達同士で話し合うことで，いろいろな作戦が生まれてきます。サッカーやバスケットボールなどの球技では，ボールを持たない人の動き方を考えることも大切です。

　作戦が立ったら，その作戦に沿ってゲームを進めます。ゲームが終わったら，自分たちや相手のチームの動き方を振り返ります。作戦がうまくいかなかったときは，次の新しい作戦を考えます。仲間の意見を聞いたり，自分の考えを言ったりしながら，みんなで話し合って作戦を決めていくことが大切です。

4 知っておきたい知識①
－健康にかかわる機関・制度・サービス－

（1）保健制度と保健サービスの活用

　国や自治体（都道府県や市町村など）は，人々の健康を守るためのしくみをつくり，さまざまな保健サービスを行っています。私たちは，その内容を知り，必要に応じて利用していくことが大切です。

　保健所や市町村保健センター，市区町村役場の保健課などが窓口となって，妊産婦，新生児，乳幼児，青少年，成人，高齢者など，子どもから大人まで，いろいろな健康診査や予防接種，健康相談などのサービスが行われています。
　このような保健サービスの情報は，自治体の広報誌やホームページで知ることができます。
　なお健康診査で異常が見つかった場合には，すぐに医療機関に行って診察を受けることが大切です。

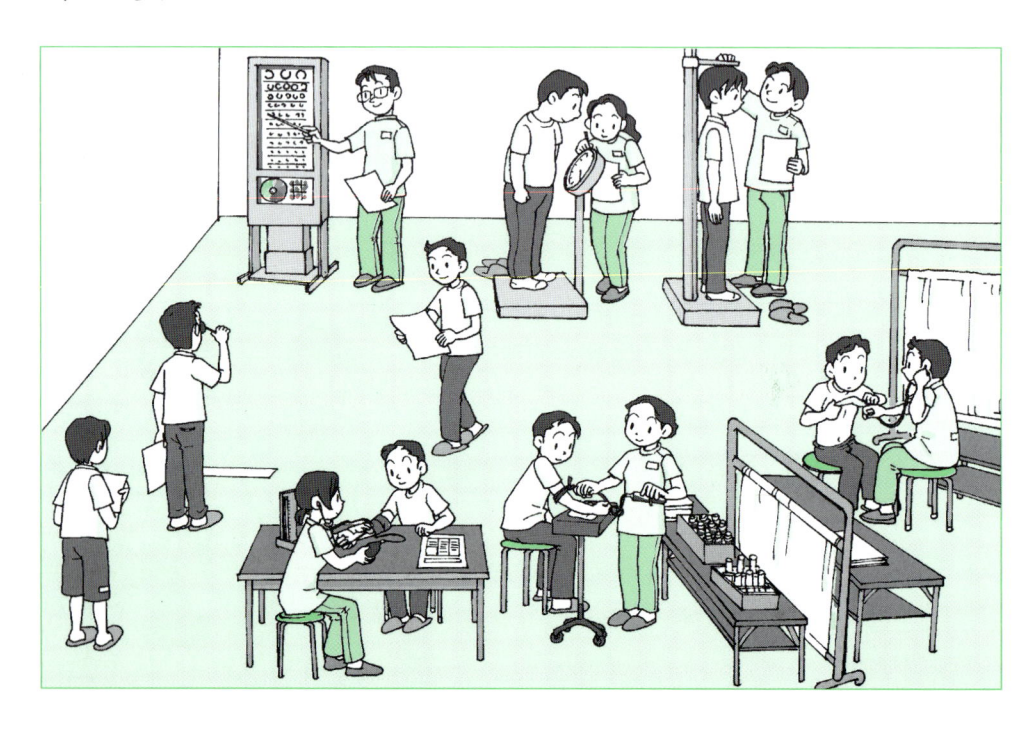

(2) 医療制度と医療費

けがや病気のときには，身近な医療機関で診療を受けることができます。

医療には多くの費用がかかります。そこで，個人の負担を減らすために，ふだんからみんなで少しずつお金を出し合って積み立てておき，その中から医療機関に支払うしくみがあります。これを医療保険といいます。

健康保険証を医療機関に提示すると，少ないお金で診療を受けることができます。

医療保険のしくみ

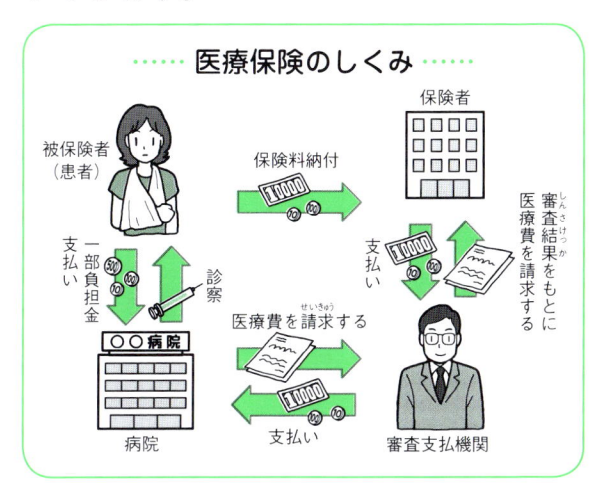

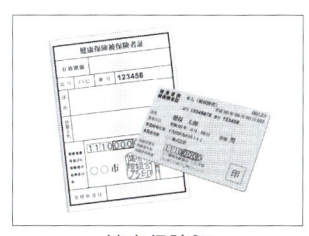

健康保険証

一般の医療費
- 公費負担（7割）
- 自己負担（3割）

自立支援医療の医療費
- 公費負担（9割）
- 自己負担（1割）

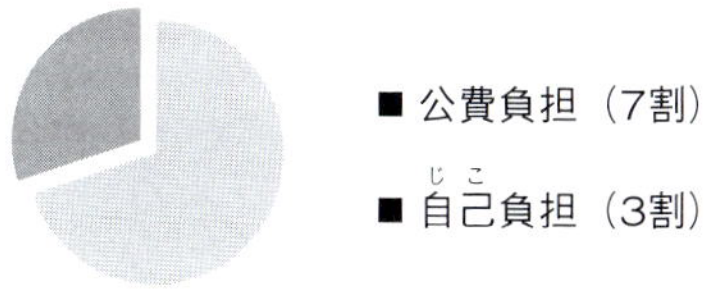

また，国や自治体の制度によって，個人の負担をさらに低くできることがあります。診察を受ける前に，市区町村の福祉課で相談しておくことが必要です。

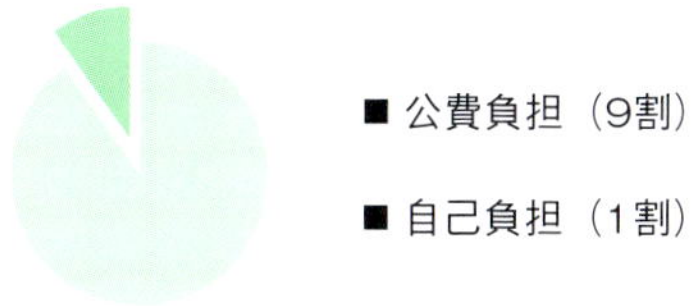

(3) 医療機関と医療サービスの活用

けがや病気の症状はさまざまです。医療機関で診療を受ける場合には，その症状に合わせた医療機関を選ぶことが必要です。

医療機関には，医師や看護師のほか，たくさんの専門家がいて，さま

ざまな医療サービスを受けることができます。

医療機関の専門家	医療サービス
医師，看護師，薬剤師，臨床検査技師，管理栄養士，理学療法士	治療，看護，投薬，検査，栄養相談，健康相談，リハビリテーション

■ 調べてみよう

症状によって何科に行くか調べてみましょう。
内科，外科，眼科，耳鼻咽喉科，皮膚科，産・婦人科，泌尿器科，歯科，精神科，神経科

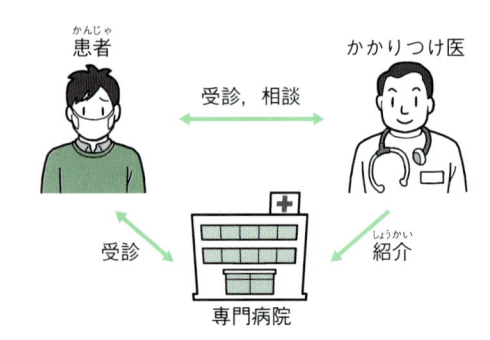

自分に合った医療を受けることが大切です。そのためには，自分の症状を医師に正確に伝えることが必要です。そして，医師から治療の仕方などを聞いて，正しく理解するようにしましょう。

自分が納得して医療を受けるために，ほかの医療機関にも相談する方法があります。

また，患者が求めると，病歴や治療経過を記録しているカルテなどの情報を知らせてくれる医療機関もあります。

このような医療についての情報は，パソコンを使ってインターネットで調べることもできます。

……新・医者にかかる10か条……
《支えあい医療人権センター》

① 伝えたいことはメモして準備
② 対話の始まりはあいさつから
③ よりよい関係づくりはあなたにも責任が
④ 自覚症状と病歴はあなたの伝える大切な情報
⑤ これからの見通しを聞きましょう
⑥ その後の変化も伝える努力を
⑦ 大事なことはメモをとって確認を
⑧ 納得できないときは何度も質問を
⑨ 医療にも不確実なことや限界がある
⑩ 治療方法を決めるのはあなたです

（4）労働と健康

学校を卒業してからはたらくときも、健康でいることは大変重要ですが、はたらいているときにけがをしたり、はたらくことで起こる病気になったりすることがあります。また、職場での人間関係などによって、ストレスがたまることもあります。

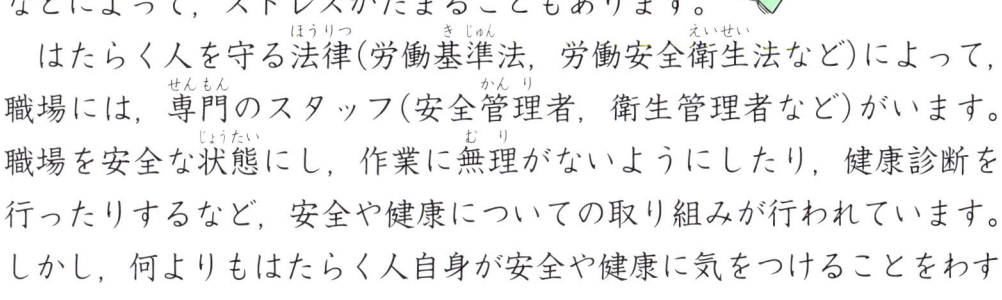

はたらく人を守る法律（労働基準法、労働安全衛生法など）によって、職場には、専門のスタッフ（安全管理者、衛生管理者など）がいます。職場を安全な状態にし、作業に無理がないようにしたり、健康診断を行ったりするなど、安全や健康についての取り組みが行われています。しかし、何よりもはたらく人自身が安全や健康に気をつけることをわすれないようにすることが大切です。

家庭で気をつけたいこと
- 規則正しい生活
（早寝・早起き・三度の食事など）
- 適度な運動（散歩など）
- 充実した余暇生活（休養・趣味）

職場で気をつけたいこと
- 職場でのきまりを守る
（休憩時間・業務内容など）
- 適度な運動（体操など）
- 報告・連絡・相談（悩みごとも）

職場の悩みを相談できるところ
職場の相談窓口、労働・就労支援関係機関（職業センター、就業・生活支援センター、労働基準監督署、労働局、公共職業安定所、労働相談センターなど）

もしも、通勤途中や勤務中にけがをしたり、職業病になったりした場合には、医療機関での治療にかかった費用を出さないですむ制度（労働災害補償保険）や、けがや病気によって仕事を休んだ間の給料の一部をもらえる制度（休業補償）があります。職場に相談して、手続きをすることが必要です。

5 知っておきたい知識②
－スポーツへの参加－

（1）自分がやってみたいスポーツ

　第2章では，生活のなかで運動をすることの大切さを学びました。ここでは，競技などのスポーツへの参加について考えてみましょう。

　これからスポーツを始める人は，まず，情報を集めましょう。

- 自分がどんなスポーツに向いているのか分からない。
- 一緒にスポーツをする仲間がほしい。
- だれかにスポーツを教えてほしい。

スポーツについての情報を集めよう！

- パソコンで調べよう！
- 経験者に聞いてみよう。身近な人に相談しよう。

　パソコンで調べるには，以下の①～③のホームページが参考になります。
① 自分が住んでいる都道府県（政令指定都市）のホームページ
② スポーツやレクリエーションに関する団体のホームページ
③ 障害者スポーツに関する団体のホームページ

コラム

障害のある人のスポーツに関係するホームページアドレス（URL）

財団法人　日本障害者スポーツ協会	http://www.jsad.or.jp/
財団法人　日本レクリエーション協会	http://www.recreation.or.jp/
障害者情報ネットワーク（ノーマネット）	http://www.normanet.ne.jp/
認定NPO法人　スペシャルオリンピックス日本	htttp://www.son.or.jp/

サークルや教室への参加

　自分がしてみたいスポーツが決まり、入りたいスポーツのサークルや教室を見つけたら、まず、見学に行きましょう。参加している人から話を聞くことや実際に体験させてもらえることもあります。

　見学の前には、サークルや教室へ連絡をして見学の日時を決め、家族などと一緒に行きましょう。

（2）スポーツ施設やプログラムの見つけ方

　地図やパソコンで身近に利用できる体育館やプール、ボウリング場などのスポーツ施設を調べてみましょう。都道府県によっては、障害者スポーツセンターがあります。整備されていたり、送迎バスを運行したりしていて便利に利用できるところもあります。

　身近に利用できるスポーツ施設を探したら、地図にかいて、家からの行き方や施設の利用の手順などを調べてメモをしておきましょう。位置を覚えましょう。

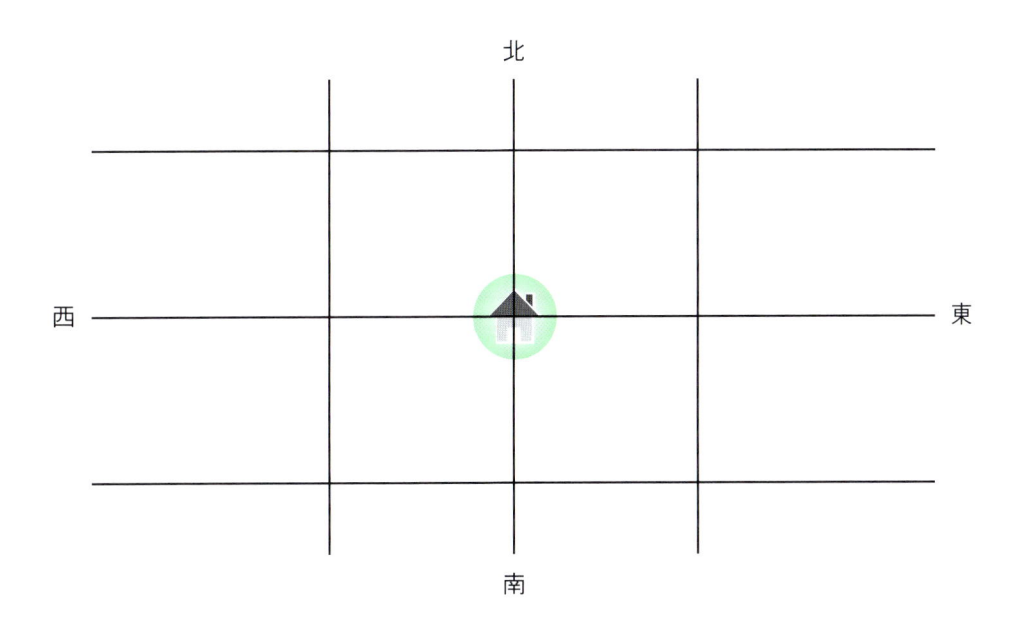

施設名	電話番号	行き方	メモ
(例)市民体育館	○○○―○○○○	市バス○○から「○○駅行き」に乗り3つ目のバス停で降りる。	無料。

> スポーツ施設の中には，さまざまなイベントやプログラムがあります。ホームページで案内されていますので、調べてみましょう。
> また、障害者手帳(療育手帳など)による利用料金の割引や無料になる制度もあります。手続きの仕方を知り、覚えておきましょう。

(3) スポーツ大会に参加しよう

　国内にはいろいろなスポーツ大会があります。障害のある人のスポーツ大会には，全国障害者スポーツ大会，各競技団体が開催している大会，都道府県(政令指定都市)が開催している大会，スペシャルオリンピックスの国内大会などがあります。

　全国障害者スポーツ大会は，国民体育大会のあとに，その開催県で行われます。この大会には，各都道府県の予選に出て，代表選手に選ばれた人が出場できます。

　このほかの大会でも選手資格が決められている場合があります。参加したい大会の1年ぐらい前から情報を集めて，必要な準備をしましょう。スポーツ大会の情報もパソコンで探せます。

　また，最近では，各地域でシティマラソン

などのスポーツイベントが，よく開催されるようになりました。これらは，新聞や地域の広報誌で案内されています。いつも新聞や地域の広報誌を読むようにしていると，ほしい情報を見つけることができます。

　入っているサークルの中で話し合ったり，身近な人に相談したりして，自分に合ったスポーツ大会に出場しましょう。

　スペシャルオリンピックスは，各地で日常的なスポーツプログラムを実施しています。そして、日常の練習成果を発表する各地域の競技会があり、その先に国内大会や世界大会があります。

　スペシャルオリンピックスについては、「スペシャルオリンピックス日本」のホームページを見てみましょう。

●監修
　石塚　謙二　大阪府豊能町教育委員会教育長
　　　　　　　元文部科学省特別支援教育調査官
　太田　正己　千葉大学教授

●編集委員
　仲矢　明孝　岡山大学教授
　山本　智子　皇學館大学准教授
　渡邉　貴裕　順天堂大学准教授

●執筆者（執筆順）
　仲矢　明孝　前出
　山本　智子　前出
　渡邉　貴裕　前出
　金島　一顯　岡山県立岡山瀬戸高等支援学校教諭
　石川　敦士　東京都立練馬特別支援学校教諭
　尾高　邦生　東京学芸大学附属特別支援学校教諭
　原田　純二　東京都立小金井特別支援学校教諭
　長岡　成嘉　奈良県立西和養護学校教諭
　中村　芳道　京都府立向日が丘支援学校教諭
　安東　恵美　高知大学教育学部附属特別支援学校教諭
　角杉　昌幸　東京都立青鳥特別支援学校教諭
　林　　初恵　神戸市立盲学校教諭

　原　伊知郎　愛知県立ひいらぎ養護学校教諭
　木下　一枝　岡山県立岡山南支援学校養護教諭
　蓮香　美園　東京学芸大学附属特別支援学校教諭
　本井　健太　岡山大学教育学部附属特別支援学校教諭
　尾上　　泰　岡山県立誕生寺支援学校教頭
　石倉　裕晃　三重県立特別支援学校伊賀つばさ学園
　　　　　　　教諭

●校閲（50音順）
　石川　泰成　国立教育政策研究所教育課程研究センター
　　　　　　　研究開発部教育課程調査官
　　　　　　　文部科学省スポーツ・青少年局
　　　　　　　体育参事官付教科調査官
　野津　有司　筑波大学教授
　森　　良一　国立教育政策研究所教育課程研究センター
　　　　　　　研究開発部教育課程調査官
　　　　　　　文部科学省スポーツ・青少年局
　　　　　　　学校健康教育課教科調査官
　（以上、所属は平成25年4月現在）

●資料提供（50音順）
　日本卓球株式会社／PANA通信社

●表紙絵
　「黄色とオレンジのハート」
　醍醐　恵子（知的障害）＜株式会社パソナハートフル「アート村」アーティスト＞

●装丁／有限会社 Othello

●制作／有限会社 ムック　　本文デザイン／久保田　哲士　　イラスト／中津　明弘
　　　　　　　　　　　　　　　　　　　　　　　　　　　　　　　　　原　恵美子

くらしに役立つ　保健体育

平成25年7月25日　初版発行
平成31年4月13日　8版発行

●監修／石塚　謙二・太田　正己
●発行者／錦織　圭之介
●発行所／株式会社東洋館出版社
　　　　　〒113-0021　東京都文京区本駒込5丁目16番7号
　　　　　営業部　電話：03-3823-9206　FAX：03-3823-9208
　　　　　編集部　電話：03-3823-9207　FAX：03-3823-9209
　　　　　振替：00180-7-96823
　　　　　URL　http://www.toyokan.co.jp

●印刷製本／藤原印刷株式会社

ISBN978-4-491-02950-4　　Printed in Japan